Josiane Boulard
Lucien Chamard-Bois

Clémentine, la petite fille secrète d'Hector Berlioz

Préface

Motif de cette recherche

Avant toute chose, nous tenons à dire que notre but n'était pas de faire un énième ouvrage sur Berlioz... Seulement, le hasard a fait que notre attention a été subitement attirée par quelques détails troublants et qu'au fil de nos recherches, les pages et les documents s'accumulant, nous avons entrepris de les réunir en un livre et d'en faire la publication.
Dans les biographies de Berlioz qui mentionnent Clémentine, fille présumée de Louis Berlioz, donc petite-fille d'Hector Berlioz, il est écrit qu'elle était sans doute née au Havre vers 1853/1854. Pourquoi Le Havre ? Tout simplement parce que Louis y a séjourné de fin décembre 1852 à début mai 1853, pour y suivre des cours d'hydrographie, en vue de terminer sa formation de marin mais personne n'a trouvé de preuve au sujet de la naissance de Clémentine.

En 1997, des recherches faites au Havre, par Lucien Chamard-Bois, dans les registres d'état civil des années 1853 à 1865, n'avaient donné aucun résultat et prouvaient que Clémentine n'y était pas née.

Par contre, il avait trouvé l'*Almanach du Commerce du Havre* de 1865 mentionnant bien Mme Mallet comme repasseuse, au 28 de la rue Louis-Philippe.

Fin novembre 2003, lors d'une relecture de la lettre que Louis adresse à son père le 24 novembre 1861 (dans le cadre d'une autre recherche...) quelques mots ont soudain provoqué un « déclic » dans l'esprit de Josiane Boulard.

En effet, Louis dit avoir « enlevé » une jeune fille avec laquelle il a vécu durant 14 mois. Or, qui dit « enlever », sous-entend « emmener avec soi » et une grossesse dure 9 mois…

Puis il parle d'un « petit être » qu'il va devoir mettre à l'hospice, donc vraisemblablement d'un nouveau-né. Enfin, si l'on regarde d'où est postée cette lettre, on s'aperçoit que Louis est à Marseille.

En rapprochant cette lettre de celle de Mme Mallet, adressée à Louis le 25 avril 1864, parlant de Zelia et de Clémentine, on découvre que Zelia s'est bien absentée de chez ses parents puisqu'ils l'ont « retrouvé » et que « depuis 20 mois » ils se sont « réconciliés ».

La lettre de Louis nous servant de point de départ et en classant toutes les lettres échangées, notamment entre Louis et son père, durant les 14 mois précédents, on constate que Louis est bien à Marseille depuis juillet/août 1860, et sans aucun doute avec Zelia.

Les biographes actuels ne signalent pas que Louis soit retourné au Havre pour y passer de nouveaux examens, de fin mai à mi-juillet 1860, et qu'ensuite il vécut deux années à Marseille, ce que nous n'avons découvert qu'après un examen minutieux de sa correspondance avec son père.

Seul David Cairns mentionne que Louis, entre l'été 1860 et novembre 1862, « envoyait à Berlioz des lettres mécontentes de Marseille[1] ».

Il ne restait donc plus qu'à consulter les registres des naissances de Marseille concernant l'année 1861…

Après avoir trouvé, mi-janvier 2004, à Marseille, l'acte de naissance de Clémentine, nous en avons fait part à Catherine Reboul-Berlioz, descendante directe de Nanci Berlioz, sœur du compositeur.

Comme il n'avait été utilisé que des textes déjà publiés, elle nous a incité à continuer nos recherches, tout en acceptant de ne

---

[1] CAIRNS, 2002, vol. II, p. 726

pas les divulguer tant qu'elles ne seraient pas terminées. De plus, elle nous a fait parvenir les copies des manuscrits des lettres de Louis Berlioz et de Mme Mallet, à l'origine de notre enquête.

Nous nous sommes ensuite mis en quête de l'acte de baptême de Clémentine, toujours à Marseille, les enfants étant baptisés, à cette époque, quelques jours après la naissance.

Encouragés par ces découvertes, nous avons entrepris une relecture méthodique de la *Correspondance Générale* d'Hector Berlioz. Ensuite nous avons consulté les documents de l'état civil de l'époque pour essayer de trouver ce qu'était devenue Clémentine.

Entre-temps, après avoir retrouvé la biographie de Berlioz écrite par Guy de Pourtalès, nous nous sommes aperçus qu'il donnait des détails explicites sur la situation de Louis :

> « *[...] Le marin avait donc semé une descendance dans quelque port de la Méditerranée et le grand-père tour à tour s'affolait, grondait, pardonnait.*[1]*[...]* »

Cette affirmation de Guy de Pourtalès apportait en quelque sorte une preuve aux investigations que nous avions entreprises.

Cependant nos recherches ont dû être interrompues pendant quelques années pour des raisons indépendantes de notre volonté et c'est pour cela que nous avons tant tardé à faire part de notre travail.

---

[1] de POUTALÈS, 1939, p. 270

Lettre de Louis Berlioz à son père

Pour répondre à l'aveu de cette dernière faute, tu as jugé à propos de me torturer; le cœur, l'amour propre, tu en as fait des éponges bien sèches.

J'ai immédiatement renvoyé mon compagnon dans sa famille, j'ai pris ses intérêts, j'ai employé tous les moyens possibles convenables pour lui faire rendre sa fortune.

L'homme d'affaires ayant fait banqueroute, le beau-frère volant les dernières ressources, la famille ne voulant plus d'un enfant déshonoré et déshonorant, ce pauvre compagnon ne vaudra plus que cent sous.

Son enfant sera à l'hospice le 17 du mois prochain. Aussi bon maintenant, je suis d'un côté une femme dans la boue, je [suis] peut-être à l'hospice; et cela parce que je ne sais que commettre fautes sur fautes.

Je dois passer un tiers de mon existence sur la terre. Je devrai le passer seul. J'ai sous les yeux Joseph Lecourt; il a le même âge que moi, il vit heureux dans sa famille. Léon Morel, choyé par son excellent oncle et par sa grand-mère. Mes collègues, presque tous mariés, courent à leur arrivée se chauffer se reposer sans souci près de leurs foyers.

Et moi, seul, paria abandonné de ses parents de son ami intime (Alexis ne m'écrit plus) je ne puis compter que sur la charité d'une personne étrangère Mme Leurson...

Elle seule m'écrit, elle seule me porte une sincère affection. Je l'attends en ce moment, comme elle attend mon retour de Je suis en voyage lors de son arrivée.

Mais tout cela n'est rien, que me fait l'opinion de nos
parents? Je suis damné pour eux, tout est donc fini.
En relisant tes lettres, j'ai pleuré.
Mes deux paquets de désolation, je les ai réunis en portefeuille,
et j'ai enfin compris ceci. Tu m'aimes, mais d'une façon étrange.
Je suis certain que tu souffrirais atrocement, si demain
on t'annonçait ma mort; mais je suis aussi certain que
si tu as à diriger un festival après demain, après demain
je serai oublié. Je sens que tes enfants se nomment
Roméo et Juliette, Faust... etc. Je comprends que
les chefs d'œuvre représentant des années de jouissance
et d'avoir j'aurai ta gloire plus tard, doivent passer
bien avant moi qui ne représente qu'une ou deux
décades d'abandon ou d'oubli et 27 années de charge.

Tu es un homme de génie, tu aimes, tu souffres,
ta vie excuse un homme de génie peut aimer, souffrir
et vivre.

Je comprends tout, je ne demande rien, je te raconte
seulement mes impressions, mes idées; pardonne-moi si
je te dérange ou t'ennuie.

Tu n'as pas répondu à ma dernière lettre, dans
laquelle je crois t'avoir annoncé mon changement de
position. En t'offrant le résultat des services que
j'ai rendus, j'espérais te faire plaisir. Tu n'as peut-être
pas lu ma lettre, si tu l'as lue, tu ne t'en souviens
plus; elle se trouve sans doute parmi les papiers
inutiles, les invitations intéressées, les demandes d'argent
en un mot elle n'existe plus.

Si ton regard tombe, dans dix minutes, sur la
partition des Troyens; cette lettre ira rejoindre les autres.

Collection musée Hector Berlioz, fonds C. Reboul-Berlioz

[Marseille] *le 24 Novembre 1861*

Cher père,
　　Plus que jamais je suis triste ; découragé. Je t'ai écrit deux lettres cette semaine, deux lettres navrantes que je conserve précieusement comme leçons. L'isolement complet dans lequel je me trouve a été l'auteur des abominations désolantes que je n'ai pu garder pour moi. Seul, (j'ai tenu ma parole) j'ai fait repasser devant mes yeux les différentes fautes que j'ai commises dans ce monde. Je me suis rappelé tes reproches, puis j'ai relu tes conseils. Il y a neuf ans, gamin navigateur, j'ai couru à droite et à gauche comme un polisson ; alors tu m'as dit qu'un garçon de mon âge, de ma figure et de mon intelligence, ne devait pas mener une pareille vie, pouvait ne pas se faire gruger ⋀.... etc..... .
　　Depuis, j'ai parlé de mariage, j'en avais un en vue ; je ne puis te reprocher de l'avoir fait manquer, puisque les parents de l'objet convoité ne t'ont ni vu, ni entendu, ni lu. Désolé de mon peu de succès, dégoûté, grâce aux parents que j'avais alors : Mr Mme Suat, Caffarel, Burdet, Marmion, dont je n'ai plus entendu parler, ranimé par une de tes lettres dans laquelle tu me disais que le mariage était la plus lourde chaîne qu'un homme puisse traîner dans ce monde ; j'ai cru devoir vivre autrement. J'ai donc enlevé une jeune fille à sa famille, j'ai vécu avec elle pendant 14 mois..... .
　　Pour répondre à l'aveu de cette dernière faute, tu as jugé à propos de me torturer ; le cœur, l'amour-propre, tu en as fait des éponges bien sèches.
　　J'ai immédiatement renvoyé mon compagnon dans sa famille, j'ai pris ses intérêts, j'ai employé tous les moyens convenables pour lui faire rendre sa fortune.
　　L'homme d'affaires ayant fait Banqueroute, le beau-frère volant les dernières ressources ; la famille ne voulant plus d'un

enfant déshonoré et déshonorant, ce pauvre compagnon ne vaudra plus que <u>cent sous</u>.

Son enfant sera à l'hospice le 17 du mois prochain. Ainsi donc, maintenant, je me sens d'un côté une femme dans la boue, un petit être à l'hospice ; et cela parce que je ne sais que commettre fautes sur fautes.

Je dois passer un tiers de mon existence sur la terre, je devrai le passer seul. J'ai sous les yeux : Joseph Lecourt ; il a le même âge que moi, il vit heureux dans sa famille ; Léon Morel, choyé par son excellent oncle et par sa grand-mère ; mes collègues, presque tous mariés, courant à leur arrivée se chauffer se reposer sans soucis près de leurs foyers.

Et moi, seul, paria abandonné de ses parents, de son ami intime (Alexis ne m'écrit plus) je ne peux compter que sur la charité d'une personne étrangère, sur Mme Lawson…..

Elle seule m'écrit, elle seule me porte une sincère affection ; je l'attends en ce moment, comme elle attendra mon retour si je suis en voyage lors de son arrivée

Mais tout cela n'est rien, que me fait l'opinion de mes parents ? Je suis damné pour eux, tout est donc fini.

En relisant tes lettres, j'ai pleuré.

Mes deux paquets de désolation, je les ai remis en portefeuille, et j'ai enfin compris ceci : Tu m'aimes, mais d'une façon étrange. Je suis certain que tu souffriras atrocement si demain on t'annonce ma mort ; mais je suis aussi certain que si tu as à diriger un festival après demain, après demain je serai oublié. Je sens que tes enfants se nomment Roméo et Juliette, Faust…etc… ; je comprends que tes chefs d'œuvre représentant des années de jouissance et devant faire ta gloire plus tard, doivent passer bien avant moi qui ne représente qu'une ou deux secondes d'abandon ou d'oubli, et 27 années de charge.

Tu es un homme de génie ; tu aimes, tu souffres, tu vis comme un homme de génie peut aimer, souffrir et vivre.

Je comprends tout, je ne demande rien, je te raconte seulement mes impressions, mes idées ; pardonne-moi si je te dérange ou t'ennuie.

Tu n'as pas répondu à ma dernière lettre, dans laquelle je crois t'avoir annoncé mon changement de position. En t'apprenant le résultat des services que j'ai rendus, j'espérais te faire plaisir. Tu n'as peut-être pas lu ma lettre, si tu l'as lue, tu ne t'en souviens plus ; elle se trouve sans doute parmi les papiers inutiles, les invitations intéressées, les demandes d'argent en un mot elle n'existe plus.

Si ton regard tombe, dans dix minutes, sur la partition des Troyens ; cette lettre ira rejoindre l'autre.

Tout cela est bien triste, et je ne puis pas me plaindre de crainte d'ennuyer comme une maîtresse abandonnée que l'on n'aime plus, mais que l'on a aimée.

Je viens donc te souhaiter le bonsoir, me coucher et rêver le cœur sec, mais gros. Jusqu'à ce que la fatigue me donne ce sommeil de plomb traînant les cauchemars.

Bonsoir, père, permets moi de t'embrasser, laisse moi t'aimer comme tu aimes tes partitions, aime moi un peu, moi qui comme elles portent ton nom, moi que tu as créé involontairement.

Ton fils
L. Berlioz

Chapitre I

Rapports entre la *Correspondance* et Clémentine

En relisant attentivement la *Correspondance Générale* d'Hector Berlioz, et plus particulièrement les tomes IV, VI, VII et VIII, nous avons sélectionné tous les extraits de lettres qui nous semblaient avoir un rapport avec la naissance de Clémentine. Nous les avons ensuite classés chronologiquement, de mars 1860 jusqu'à janvier 1865.

Puis nous avons regroupé toutes nos informations en différents chapitres auxquels nous avons donné des titres concordant avec les activités de Louis mais aussi, par déduction, avec les événements ayant trait à la vie de Zelia et de sa fille Clémentine.

Tout au long de cette étude de la *Correspondance générale* nous faisons également apparaître en parallèle les activités de Berlioz.

Pour faciliter la lecture nous avons décidé de mettre en caractères gras les éléments importants, principalement les indications de lieux et les passages des lettres en rapport avec notre « enquête ».

D'autre part, chaque fois que nous renvoyons à la *Correspondance Générale*, nous l'indiquons en utilisant seulement les lettres « CG » suivies du numéro du tome.

Louis se rend du Havre à Marseille

Le mois de mars 1860 voit la disparition, à 46 ans, d'Adèle, sœur cadette de Berlioz.

Nous apprenons ensuite grâce aux lettres de Berlioz que, de mai à juillet, Louis est au Havre pour terminer ses études. Il a pu y rencontrer Zelia, avant de se rendre à Marseille où l'attend son premier poste.

> « [...] **Louis est sur le point de subir ses examens de Capitaine au long cours à Dieppe ; il ira ensuite au Havre.** [...]» (Hector BERLIOZ à Mathilde MASCLET - 8 mai 1860[1])

> « [...] *Louis est en ce moment au **Havre**, sur le point de subir son second examen; le premier a été passé avec succès. S'il en est de même du second, Louis sera Capitaine au long cours en quête d'un navire.* [...] » (Hector BERLIOZ à Auguste MOREL - 17 juin 1860[2])

> « [...] *Louis vient de subir avec succès ses examens* [...] *Il cherche maintenant un navire qu'il trouvera sans doute à **Marseille**.* [...] » (Hector BERLIOZ à Camille PAL - 13 juillet 1860[3])

Louis est donc maintenant « Capitaine au long cours », mais il devra patienter avant de pouvoir diriger un navire.

---

[1] CG VI, p. 152
[2] CG VI, p. 157
[3] CG VI, p. 159

Zelia Mallet attend un enfant...

Début août, Berlioz est à Luxeuil, pour suivre une cure, avant de se rendre à Bade (Allemagne), le 10 du mois, pour diriger un concert où figurent des extraits de ses œuvres. Pendant son séjour dans la station thermale il sermonne son fils :

> « [...] *Tu te livres encore à ces désespoirs absurdes que je croyais si loin de ton esprit* [...] **Tes idées de mariage sont inconcevables**, *et d'une folie qui me déconcerte* [...] *Ecris-moi de* **Marseille** *aussitôt que tu auras eu le temps de te reconnaître.* [...] » (Hector BERLIOZ à Louis BERLIOZ - août 1860[1])

En ce mois d'août, Zelia attend un enfant et Louis envisage apparemment de l'épouser.

Rentré à Paris, Berlioz y reste durant l'automne tandis que Louis est à Marseille, comme l'attestent les lettres suivantes :

> « [...] *Je suis allé deux fois chez Mr. Béhic*[2] *sans le trouver ; j'y retournerai* [...] *Morel*[3] *ne m'a pas écrit !* [...] » (Hector BERLIOZ à Louis BERLIOZ - septembre ou octobre 1860[4])

---

[1] CG VIII, p. 492
[2] Louis-Armand Béhic était directeur des Messageries impériales, basées à **Marseille.**
[3] Auguste Morel, ami de Berlioz, était directeur du Conservatoire de **Marseille** à cette époque.
[4] CG VIII, p. 493

« [...] *Tu as donc entendu le finale de* La Vestale[1] *? Tu me dis le duo, tu te trompes. La phrase citée dans ta lettre appartient au finale, à moins qu'on n'ait fait à* **Marseille** *un pot-pourri des deux.* » (Hector BERLIOZ à Louis BERLIOZ - 23 octobre 1860[2])

Au mois d'octobre, Berlioz entreprend la composition de son « petit opéra » *Béatrice et Bénédict* , mais il pense quand même à la situation de son fils, ainsi que le prouvent certaines lettres publiées dans la *Correspondance générale*.

« [...] *Quand tu voudras que je parle à Mr. Béhic, tu me le diras et en outre tu m'indiqueras ce qu'il faut lui demander.* » (Hector BERLIOZ à Louis BERLIOZ - 21 novembre 1860[3])

« [...] *A propos de Louis, je viens de lui envoyer la nouvelle qu'il avait une place dans les Messageries Impériales ; il recevra samedi sa nomination ; le directeur général vient de m'en prévenir. [...]* » (Hector BERLIOZ à Nanci SUAT - 28 novembre 1860[4])

« [...] *Mon arrivée ici a fort étonné l'administration, il paraît que mon congé avait été prolongé de 15 jours, ainsi que j'en avais fait la demande.[...]
Nous ne partirons pas avant le 2 janvier, [...] Mon voyage m'a coûté 800 f. Il va sans dire que je n'avais*

---

[1] *La Vestale* est un opéra de Gaspare Spontini, créé en 1807 à Paris et repris dans tous les pays jusque vers 1860.
[2] CG VI, p. 170
[3] CG VI, p. 175
[4] CG VI, p. 179

> *pas cette somme. Je t'ai caché la vérité, […]* » (Louis BERLIOZ à Hector BERLIOZ - 16 décembre 1860[1])

> « *[…] Tu m'as laissé bien longtemps sans me donner de tes nouvelles… […] Quand ta lettre m'est arrivée, j'allais écrire à Morel[2] pour savoir depuis quand et pour quel pays tu étais parti. […]*
> *[…] Et quand reprends-tu la mer ? Si tu vois mon oncle Marmion[3], dis-lui mille choses affectueuses de ma part. […]* » (Hector BERLIOZ à Louis BERLIOZ - 2 janvier 1861[4])

Au début de l'année 1861, Berlioz écrit « un double chœur pour deux peuples, chacun chantant dans sa langue. Les Anglais chanteront en anglais et les Français en français. » Il l'appellera *Le Temple Universel*, mais aucune interprétation n'aura lieu en public.

Si, depuis quelques mois, les relations entre Berlioz et son fils semblent redevenues normales, Louis revient subitement à ses projets de mariage puisque son père lui répond :

> « *[…] Je te remercie de ta lettre que j'attendais chaque jour. Je te vois pourtant encore dans un état d'esprit qui me tourmente ; je ne sais pas quels rêves tu as caressés qui te rendent pénible ta position actuelle ; tout ce que je puis te dire, c'est qu'à ton âge j'étais fort loin d'être aussi bien traité du sort que tu l'es. […]*
> *Que puis-je te dire pour te faire prendre patience ? Tu te tourmentes pour des niaiseries, et **tu as une***

---
[1] CG VIII, p. 495
[2] Voir p. 16, n. 3
[3] Félix Marmion était le frère de la mère d'Hector Berlioz, née Joséphine Marmion.
[4] CG VI, p. 189-190 et CG VIII, p. 496-498

matrimoniomania qui me ferait rire, si ce n'était pas triste de te voir aspirer avec tant d'âpreté à la chaîne la plus lourde qui se puisse porter, et aux embarras et aux dégoûts du ménage, [...] » (Hector BERLIOZ à Louis BERLIOZ - 14 février 1861[1])

On comprend évidemment le désir de Louis de se marier puisque Clémentine naîtra à la fin du mois suivant... Les lettres suivantes prouvent bien que Louis n'a pas retrouvé sa sérénité :

« *[...] Tu me dis qu'il est inutile de t'écrire à* **Marseille** *avant la fin de mars ; puis tu me pries à la fin de ta lettre de t'écrire encore... Si tu ne* bats *pas un peu la campagne, tu as l'air au moins de la* maltraiter. *[...]* » (Hector BERLIOZ à Louis BERLIOZ - 21 février 1861[2])

« *[...] Je ne sais si ce billet te parviendra. Je t'écris pour te souhaiter un bon voyage et t'embrasser avant ton départ. [...]* » (Hector BERLIOZ à Louis BERLIOZ - 21 mars 1861[3])

---

[1] CG VI, p. 199
[2] CG VI, p. 203
[3] CG VI, p. 213

Naissance de Clémentine

Louis a sans doute annoncé la naissance de sa fille à son père, car celui-ci lui répond :

> « [...] *Donne-moi de tes nouvelles, si tu peux m'écrire une lettre* **sans les coups de couteau** *que contenait ta dernière. [...]* » (Hector BERLIOZ à Louis BERLIOZ - 18 avril 1861[1])

Mais Berlioz revient rapidement à ses préoccupations musicales :

> « [...] *Depuis ta dernière lettre, j'ai eu de tes nouvelles par Lecourt*[2], *que j'ai chargé aussi de te donner des miennes. Hier soir, il y a eu une audition de quelques scènes des* Troyens *chez M.E. Bertin*[3] *; grandissime succès, [...]* » (Hector BERLIOZ à Louis BERLIOZ - 4 mai 1861[4])

En effet, si l'opéra *Les Troyens* est terminé depuis le début de l'année 1858, il n'y a eu jusqu'à présent que des exécutions d'extraits, au théâtre de Bade et à Paris, chez la cantatrice Pauline Viardot.

En juin il fait imprimer, à ses frais, la partition pour piano et chant de l'ouvrage, l'Opéra de Paris s'engageant à le monter prochainement.

---

[1] CG VI, p. 217
[2] Hippolyte Lecourt, ami de Berlioz, habitait **Marseille**.
[3] Edouard Bertin était le directeur du *Journal des Débats* dans lequel Berlioz publia ses critiques musicales, « ses feuilletons », de 1835 à 1863.
[4] CG VI, p. 218

Malgré toutes ses occupations, Berlioz trouve le temps de prodiguer des conseils à son fils et de parler de lui, avec fierté, à son meilleur ami :

> « *Je te vois très tourmenté ; je ne puis rien te dire de rassurant. Alexis[1] cherche à te trouver une place à Paris, et c'est précisément parce qu'il la cherche, qu'il ne la trouvera pas. Je suis aussi incapable que lui de changer ta position.* **C'est à toi à te faire ton sort et à ne pas te mettre dans des embarras dont personne au monde ne pourra t'aider à sortir.** *[...]* » (Hector BERLIOZ à Louis BERLIOZ - 2 juin 1861[2])

> « *[...[Mon fils, dont vous avez la bonté de me demander des nouvelles, est en ce moment dans les environs de Naples. Il fait partie du corps d'officiers d'un navire des Messageries Impériales. Il a été reçu capitaine au long cours, après de fort sévères examens. [...]* » (Hector BERLIOZ à Humbert FERRAND - 14 juillet 1861[3])

> « *[...] Tu es jeune, tu es fort, ne te laisse pas aller à l'ennui, au découragement, et songe qu'avec les avantages que tu as et la santé, on peut surmonter bien des obstacles.* » (Hector BERLIOZ à Louis BERLIOZ – 7 septembre 1861[4])

---

[1] Alexis Bertchold était un ami intime de Louis Berlioz. Leurs mères étaient amies, et la mère d'Alexis aida beaucoup Harriet Smithson, la mère de Louis, dans les dernières années de sa vie.
[2] CG VI, p. 224
[3] CG VI, p. 239
[4] CG VI, p. 247

Mais sans doute Louis s'est-il plaint un peu plus violemment à son père en lui confirmant la naissance d'un enfant, puisque Hector répond :

> « [...] *Si je ne savais pas quelle détestable influence le chagrin peut avoir sur les meilleurs caractères, je serai capable de te répondre de tristes vérités ;* **tu m'as blessé au cœur et atrocement, et avec un sang-froid que dénote le choix de tes expressions** *[...] sans vouloir récriminer, tu as été trop loin [...] De bonne foi, est-ce ma faute si je ne suis pas riche, si* **je n'ai pas de quoi te faire vivre tranquille, en oisif, à Paris avec ta femme, ton enfant ou tes enfants si tu en as d'autres ?** *[...] Tu m'as écrit au milieu d'août à Bade ; depuis lors, pas un mot ; tu m'as laissé deux mois et demi sans savoir ce que tu étais devenu ; [...] A présent tu m'écris avec des expressions d'ironie ... [...]*
> *Adieu, cher ami, cher fils, cher malheureux par ta faute et non par la mienne.* » (Hector BERLIOZ à Louis BERLIOZ - 28 octobre 1861[1])

Adolphe Boschot[2] et David Cairns[3] parlent de cette période assez houleuse dans les relations entre le père et le fils, ce dernier restant souvent plusieurs mois sans donner signe de vie puis écrivant ensuite des lettres peu agréables à son père.

Un mois plus tard, nouvelle lettre de Louis à son père. C'est cette fameuse lettre qui nous a donné les indices nécessaires à la découverte du lieu et de la date de naissance de Clémentine.

> « [...] *Plus que jamais je suis triste, découragé [...] Il y a neuf ans,* **gamin navigateur,** *j'ai couru à droite et à*

---
[1] CG VI, p. 252-253
[2] BOSCHOT, 1946/1950, vol. III, p. 342
[3] CAIRNS, 2002, vol. II, p. 726

gauche comme un polisson ; alors tu m'as dit qu'un garçon de mon âge, de ma figure et de mon intelligence, ne devait pas mener une pareille vie [...] Depuis, **j'ai parlé de mariage ; j'en avais un en vue ;** [...] ranimé par une de tes lettres dans laquelle tu me disais que le mariage était la plus lourde chaîne qu'un homme puisse traîner dans ce monde, j'ai cru devoir vivre autrement ; **j'ai donc enlevé une jeune fille à sa famille, j'ai vécu avec elle pendant 14 mois...**

Pour répondre à *l'aveu de cette dernière faute*, tu as jugé à propos de me torturer ; le cœur, l'amour-propre, tu en as fait des éponges bien sèches.

J'ai immédiatement renvoyé mon compagnon dans sa famille, j'ai pris ses intérêts, j'ai employé tous les moyens pour lui faire rendre sa fortune.

L'homme d'affaires ayant fait banqueroute, le beau-frère volant les dernières ressources, **la famille ne voulant plus d'un enfant déshonoré et déshonorant,** ce compagnon ne vaudra plus que cent sous.

Son enfant sera à l'hospice le 17 du mois prochain. Ainsi donc, maintenant je sens **d'un côté une femme dans la boue, un petit être à l'hospice** ; et cela parce que je ne sais que commettre fautes sur fautes. [...] (Louis BERLIOZ à Hector BERLIOZ - 24 novembre 1861[1])

---

[1] CG VIII, p. 502-504
Reproduction du manuscrit original, publié ici pour la première fois dans son intégralité, p. 6-9
Cette lettre, outre le fait qu'elle nous renseigne sur la naissance de Clémentine, nous fait apparaître combien Louis souffre du peu d'intérêt que semble lui témoigner son père, tout en ayant conscience que sa disparition serait une lourde épreuve pour ce dernier, ce qui hélas arrivera six ans plus tard.

En fait, dans quelques jours la petite Clémentine aura déjà 8 mois…

Car Clémentine est bien née à Marseille, au n°5 de la rue Four du Chapitre, le **30 mars 1861**, comme l'atteste son **acte de naissance**[1]. Elle est enregistrée sous le nom de « Zélie Clémentine Mallet » et y est déclarée de « père inconnu ».

Elle sera baptisée le 9 avril suivant en la cathédrale Sainte Marie Majeure. Lors de la lecture de son **acte de baptême**[2], une surprise nous attendait !

Non seulement elle est enregistrée sous le nom de « Clémentine Berlioz », mais **le nom et deux des prénoms du père y sont mentionnés en toutes lettres !** Il n'y a donc plus aucun doute sur la filiation de Clémentine avec Louis Berlioz.

Suit une période de plusieurs mois, de novembre 1861 à juillet 1862, où l'on apprend que Louis est toujours plus ou moins mécontent par le biais des lettres que Berlioz échange avec les membres de sa famille, ses amis et son fils.

> « [...] Louis est à **Marseille** ; il vient d'être placé à sa satisfaction sur un nouveau navire, [...] Il ne m'apprend rien d'autre ; **il est toujours mécontent pour ne rien dire de plus...** [...] » (Hector BERLIOZ à Joséphine SUAT - 27 novembre 1861[3])

> « [...] Louis est ici en congé pour quelques jours. Il est maintenant lieutenant sur le Quirinal, [...] un jeune homme de son âge doit s'estimer heureux. [...] » (Hector BERLIOZ à Marc SUAT - 7 décembre 1861[4])

---

[1] Reproduction de cet acte, le premier que nous avons trouvé p.28 (Archives départementales des Bouches du Rhône), le deuxième p.31 (Archives municipales de Marseille).
[2] Reproduction de cet acte p.30
[3] CG VI, p. 258
[4] CG VI, p. 261

> *« [...] Je pars dans deux ou trois jours pour Toulon avec le paquebot L'Impératrice ; de là nous irons sans doute à Alger, puis dans l'Inde. [...] »* (Louis BERLIOZ à Hector BERLIOZ - 7 janvier 1862[1])

Cependant, Berlioz reste occupé par son œuvre musicale. Il achève *Béatrice et Bénédict* au mois de février, et la dédie à Édouard Bénazet, directeur du théâtre de Bade.

Dès mars, tous les mardis, il entreprend les répétitions à son domicile. C'est Camille Saint-Saëns, alors jeune pianiste virtuose, qui interprète la réduction pour piano de la partition et lui sert de répétiteur.

Mais les lettres de Louis à son père se font rares.

> *« [...] Soyez assez bon pour me donner des nouvelles de Louis. Est-il parti pour les Indes ? Ce que j'avais prévu est arrivé, il ne m'a pas écrit une ligne. Je ne puis vous dire à ce sujet rien que vous n'ayez dès longtemps deviné ; mais j'avoue que ce chagrin est un des plus poignants que j'aie jamais éprouvé. [...] »* (Hector BERLIOZ à Auguste MOREL - 2 mars 1862[2])
>
> *« [...] Comment peux-tu, quand tu es en France (l'Algérie c'est la France), me laisser si longtemps sans nouvelles de toi ? Enfin tout va bien. [...] »* (Hector BERLIOZ à Louis BERLIOZ - 15 mars 1862[3])

Entre ces deux lettres, Berlioz subira un événement douloureux dans sa vie personnelle : sa seconde femme, Marie

---

[1] CG VIII, p. 505
[2] CG VI, p. 277.
On peut penser que Berlioz parle de la naissance de sa petite-fille à son ami Morel mais aussi des problèmes entre Louis et Zelia.
[3] CG VI, p. 280-281

Recio, meurt subitement le 13 juin, lors d'une visite chez des amis, à Saint-Germain-en-Laye. Il l'annonce à Louis.

> « *Tu as dû recevoir une dépêche télégraphique et, ce matin, une lettre de moi.[...] Ce que je voudrais, c'est que tu puisses venir à Bade me retrouver [...] Il s'agit de savoir si tu pourras sans danger t'absenter, au moment où ton navire sera sur le point de partir. Tu retournerais à* **Marseille** *le 11 août, [...]*
> *[...] j'ai peur de te faire venir dans cette ville de jeu et de joueurs. Pourtant, si tu me donnes ta parole d'honneur de ne pas risquer seulement un florin, j'aurai confiance en toi, [...]* » (Hector BERLIOZ à Louis BERLIOZ - 17 juin 1862[1])

Après cette lettre, Louis viendra quelques jours à Paris mais n'ira pas à Bade.

La première exécution de *Béatrice et Bénédict* aura lieu le 9 août, au théâtre de Bade, et remportera un vif succès tant auprès du public que de la critique.

Mais pendant ce temps, Louis et Zelia se sont séparés et cela a dû être annoncé à Berlioz puisqu'il écrit à son fils, au mois de juillet :

> « *[...] ... je ne veux pas t'attrister, j'aime mieux envisager la nouvelle position où tu te trouves et l'amélioration prochaine de ton sort. [...]* » (Hector BERLIOZ à Louis BERLIOZ – 12 juillet 1862[2])

---
[1] CG VI, p. 299.
Par cette lettre nous apprenons que Louis était joueur et donc en déduire que ses dépenses en 1852/1853 au Havre relevaient peut-être plus de cet état de fait que d'une liaison féminine.
[2] CG VI, p. 312-313

Malheureusement un nouveau problème surgit à propos de Louis :

> « [...] Mon fils a donné sa **démission** de la place qu'il occupait sur un navire des Messageries Impériales, [...] Le voilà sur le pavé, il faut lui chercher un nouvel emploi. J'ai d'autres affaires à traiter, conséquences de la mort de ma femme. En outre, j'ai à m'occuper de la publication de ma partition de Béatrice, [...] » (Hector BERLIOZ à Humbert FERRAND - 26 août 1862[1])

Peu de temps après, Louis part seul pour Paris en espérant y trouver un nouveau poste.
Quant à Zelia elle est retournée au Havre, chez ses parents, avec sa fille Clémentine.

---
[1] CG VI, p. 333 et BOSCHOT, 1946/1950, vol. III, p. 358

Acte de naissance (n°1) de Clémentine Mallet

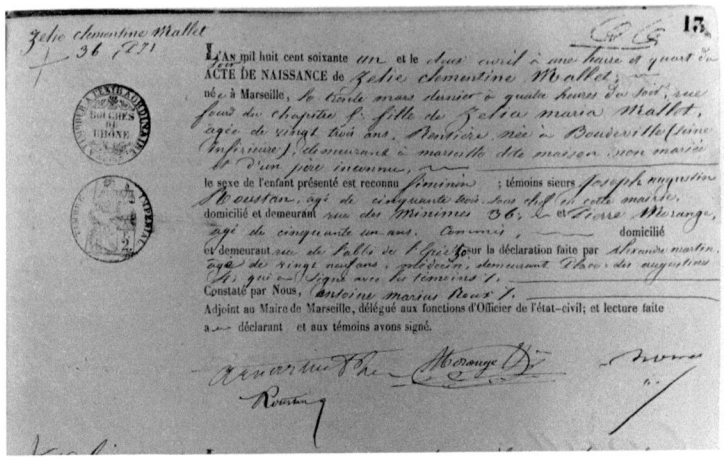

Zelie Clementine Mallet
36 (PI)

L'An mil huit cent soixante *un* et le *deux avril à une heure et quart du soir*
ACTE DE NAISSANCE de *Zelie Clementine Mallet* née à Marseille, *le trente mars dernier à quatre heures du soir, rue fourd du chapitre, 5 : fille de Zelia maria Mallet, âgée de vingt trois ans, Rentière, née à Boudeville (Seine Inférieure), demeurant à Marseille dite maison, non marié et d'un père inconnu*_____
le sexe de l'enfant présenté est reconnu féminin ; témoins sieurs Joseph augustin Roustan, âgé de cinquante trois. Sous chef en cette mairie, domicilié et demeurant rue des Minimes 36, __ et *Pierre Morange,*
âgé de cinquante un ans, commis, _____ domicilié et demeurant rue de l'abbé de l'Epée, 50, sur

la déclaration faite par Alexandre Martin âgé de vingt neuf ans, médecin, demeurant Place des augustines, 4 ; qui a signé avec les témoins

Constaté par Nous, Antoine Marius Roux

Adjoint au Maire de Marseille, délégué aux fonctions d'Officier de l'état-civil ; et lecture faite au déclarant et aux témoins avons signé,

    A. Martin Med   *P. Morange*   *Roux*   *Roustan*

Direction des Archives – Département des Bouches du Rhône
Registre : 201 E   4337, page 13

La mention « PI » indique qu'il s'agit d'une naissance de « Père inconnu »
Le département de Seine Inférieure a pris le nom, depuis 1955, de Seine Maritime

Acte de baptême de Clémentine Mallet

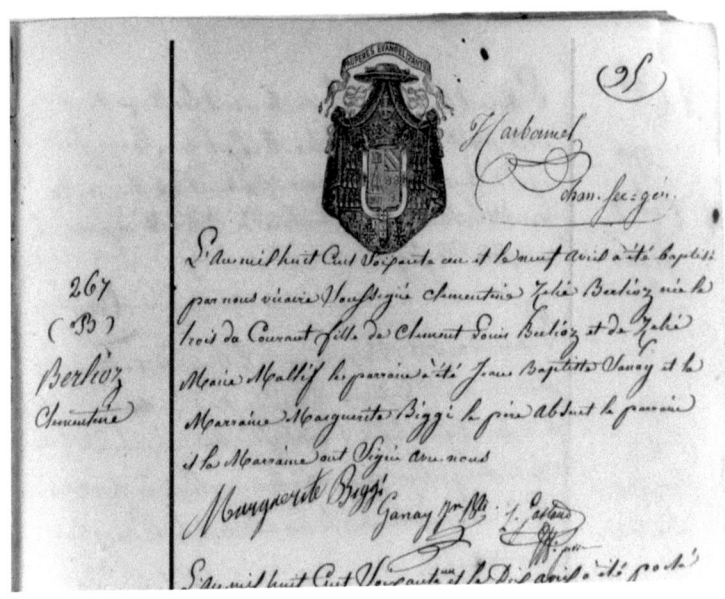

95
J. Carbonel
chan.sec= gén

267
(B)
Berlioz
Clémentine
L'an mil huit Cent Soixante un et le neuf avril a été baptisé par nous vicaire Soussigné Clementine Zelie Berlioz née le trois du courant fille de Clement Louis Berlioz et de Zelie Marie Mallét le parrain à été Jean Baptiste Ganay et la Marraine Marguerite Biggi le père absent le parrain et la Marraine ont Signé avec nous

Marguerite Biggi   Jean-Baptiste Ganay   L. Gastaud
: p. vic

Direction des Archives - Département des Bouches du Rhône
Registre : 35 J 27/45, p. 95

Signification des abréviations employées :
(B) pour « Baptême », « *chan.sec= gén* » pour « chanoine secrétaire général », « *p. vic* » pour « prêtre vicaire »

Acte de naissance (n°2) de Clémentine Mallet

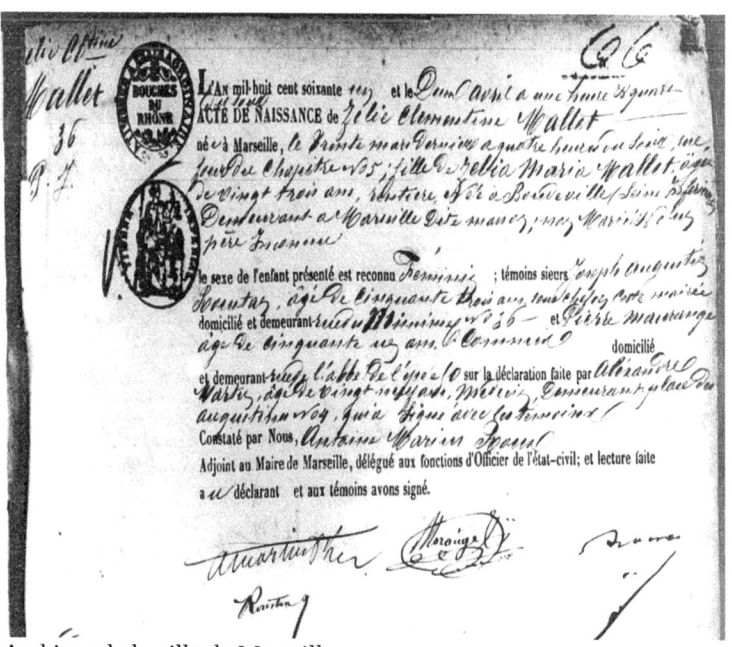

Archives de la ville de Marseille
Registre des naissances n°4 – 1 E 1063 – page 66

Zelia et Clémentine rentrent au Havre, et Louis à Paris

Louis et Zelia se sont donc séparés au cours de l'été 1862. Zelia est retournée au Havre, chez ses parents, avec Clémentine.

Quant à Berlioz, avec peu d'enthousiasme d'ailleurs, il voit son fils venir s'installer chez lui, au 4 rue de Calais, à **Paris**.

> « [...] Oui, je dois vous paraître bien oublieux et bien ingrat ; mais voyez, un déménagement, une maison qui menace ruine, un grand garçon de 28 ans qui donne sa démission et qui vient s'installer chez moi en attendant qu'il trouve ce qu'il appelle une place, [...] » (Hector BERLIOZ à la Princesse Carolyne SAYN-WITTGENSTEIN - 21 septembre 1862[1])

> « [...] une foule d'éventualités probables rendent chaque jour ma présence nécessaire à **Paris**. Louis y est encore d'ailleurs, attendant toujours une place qui ne vient pas et augmentant beaucoup ma dépense. [...] » (Hector BERLIOZ à Marc SUAT - 8 octobre 1862[2])

Pour ne plus subir les critiques de son père, Louis va habiter chez son ami Alexis Bertchold, chez qui Berlioz lui adresse la lettre suivante :

> « [...] Quand tu te sentiras plus calme, et j'espère que ce sera demain, reviens donc, cher Louis, dîner au moins à la maison [...] **tu as des chagrins violents qui te troublent le cœur et la tête** ; personne ne peut rien pour les calmer. **Est-ce une raison pour être furieux contre tout le monde ?**

---

[1] CG VI, p. 337
[2] CG VI, p. 353-354

> ……………………………………………………………
> ……………………………………………………
> *Tu souffres ; viens donc auprès de ceux qui t'aiment ; sans parler de tes souffrances, tu éprouveras un peu de calme à te retrouver avec eux.* » (Hector BERLIOZ à Louis BERLIOZ - 21 octobre 1862[1])

Depuis deux mois qu'il est à Paris, Louis n'a encore aucun emploi en vue, mais son père continue à s'occuper de son avenir :

> « *[...] Veuillez dire à Louis qu'il ne néglige pas de se rappeler au souvenir de M. Goyetch[2] pour les paquebots Transatlantiques. Mon ami Legouvé[3], qui l'a déjà, par l'entremise de M. Béhic[4], fait placer dans les Messageries impériales, s'occupait encore de lui depuis quelques semaines. [...]* (Hector BERLIOZ à Alexis BERTCHTOLD - 15 novembre [1862][5])

Et c'est ainsi que, grâce à son père, Louis retrouve un poste à **Saint-Nazaire** où il sera premier Lieutenant.

> « *[...] Je te remercie infiniment de la place que tu viens de me faire obtenir.*
> *Je suis allé hier à 2 h chez M. Legouvé, j'ai laissé ma carte, [...]*

---

[1] CG VI, p. 361-362
[2] M. Goyetch était administrateur, puis directeur de la Compagnie Générale Transatlantique.
[3] Ernest Legouvé était un ami intime de Berlioz depuis 1832. Romancier, poète, critique musical, il est l'auteur du poème *La mort d'Ophélie*, d'après Shakespeare, que Berlioz mettra en musique en 1848.
[4] Voir p. 16, n. 2
[5] *Berlioz à fleuret moucheté*, 2003, p. 8-9, 136

Je t'écris ces deux mots à la hâte, puis je me dirigerai chez M. Goyetche pour le remercier et lui remettre moi-même la lettre par laquelle j'accepte les fonctions de 1ier Lieutenant à bord de la Vera Cruz aux appointements de 250 F par mois. » (Louis BERLIOZ à Hector BERLIOZ – 22 [octobre] 1862[1])

« *[…] Bien loin de regretter les messageries Impériales, […]*
Pas un seul Lieutenant de Vaisseau ne commandera dans la Compagnie Transatlantique[2].
J'arrive au bon moment.[…]
St Nazaire *est une charmante petite ville de 4500 âmes, les maisons sont propres, neuves, mais la vie est chère. […]* » (Louis BERLIOZ à Hector BERLIOZ - 29 novembre 1862[3])

« *[…] j'ai enfin réussi à replacer Louis. Il est 1er Lieutenant à bord d'un vaisseau de M. Peyreire[4]. […]* » (Hector BERLIOZ à Félix MARMION - 5 ou 9 décembre 1862[5])

A la fin de l'année 1862, Berlioz publie, chez Michel Lévy, son livre *A travers chants*.

En janvier 1863, il publie la partition pour piano et chant de *Béatrice et Bénédict*, mais s'il est inquiet pour les

---

[1] CG VI, p. 362
[2] La Compagnie Générale Transatlantique était installée près de Saint Nazaire .
[3] CG VI, p. 369. Louis restera basé à Saint Nazaire jusqu'en 1867, date de sa mort de la fièvre jaune, à La Havane.
[4] Jacob-Emile Pereyre était banquier et le fondateur, avec son frère Isaac, de la Compagnie Générale Transatlantique.
[5] CG VI, p. 376

représentations futures de cette œuvre ainsi que du sort réservé aux *Troyens*, il semble avoir d'autres soucis :

> « [...] *Des événements qui me préoccupent le plus, je ne te dirai rien, il y aurait trop à dire. [...]* » (Hector BERLIOZ à James William DAVISON - 5 février 1863[1])

Début mars, tout est à nouveau normal :

> « [...] *Hélas, oui, mon pauvre Louis m'a cruellement tourmenté, mais **je lui ai si complètement pardonné**.* » (Hector BERLIOZ à Humbert FERRAND - 30 mars 1863[2])

Le 25 mars, il fait don de toute sa bibliothèque de partitions à la Société des Concerts du Conservatoire de Paris.

Au mois de juin commencent les répétitions des *Troyens* au Théâtre-Lyrique, l'Opéra de Paris n'ayant pas tenu ses engagements. Mais Berlioz doit séparer son opéra en deux parties : *La Prise de Troie* et *Les Troyens à Carthage*.

> «[...] *J'ai dû me résigner. Il n'y a plus de Cassandre. On ne donnera pas la* Prise de Troie *; les deux premiers actes sont supprimés pour le moment. J'ai dû les remplacer par un prologue et nous commençons seulement à Carthage. Le théâtre lyrique n'est pas assez grand ni assez riche, et cela durait trop longtemps. [...]* » (Hector BERLIOZ à Humbert FERRAND – 8 juillet 1863[3])

---

[1] CG VI, p. 403
[2] CG VI, p. 408
[3] CG VI, p. 474

En octobre, il décide, après 38 ans de carrière de critique musicale, de quitter le *Journal des Débats*[1].

L'année 1863 se termine par la représentation des *Troyens à Carthage*. La première a lieu le 4 novembre, à Paris. Il y aura 21 représentations jusqu'au 20 décembre. C'est un très grand succès pour Berlioz.

Quant à Louis, il semble se rapprocher de son père.

> « ***Je suis complètement seul ici, je ne vis qu'avec toi****, parfois tout est en ébullition dedans et tout est souriant dehors, alors je suis pâle, on me demande ce que j'ai, ce que j'ai !!! …. […]*
> *[…] J'ai mis ta lettre dans ma poche comme un billet sans importance, et j'ai signé le reçu du suif en souriant… Pauvre père ! je souffre maintenant une partie de tes convulsions de cœur,* ***je te comprends****, je connais la puissance du souvenir. […]* » (Louis BERLIOZ à Hector BERLIOZ - 10 ou 17 janvier 1864[2])

---

[1] Voir p. 20 n.3
[2] CG VII, p. 21

Clémentine a trois ans

Le 30 mars 1864 Clémentine a eu 3 ans. Un mois plus tard, fin avril, Louis Berlioz reçoit la lettre de madame Mallet[1] dont nous avons parlé plus haut et qui nous a donné de précieux renseignements :

> « *J'ai reçu* **votre lettre que vous adressez à ma fille Zelia**, *je ne lui ai pas donné car je voudrais bien savoir avant de lui remettre* **vos intentions pour elle et la chère petite Clémentine** *[...] quand nous avons pu les retrouver* **elle était bien dans la misère**, *jugez une femme seule avec un enfant sans aucune ressource [...]* **depuis 20 mois nous nous sommes réconciliés** *et elle est presque toujours avec nous et nous avons la petite toujours avec nous [...] pensez que c'est une grande charge pour nous [...] si vous oubliez la mère au moins* **pensez à l'enfant qui doit être le vôtre** *[...]* **voilà bientôt le temps de la mettre en classe, nous aurions besoin de son acte de naissance ...**
> *Zelia vous a écrit lettre sur lettre et vous ne parlez pas que vous en avez reçu cependant la pauvre enfant elle a tout fait pour avoir de vos nouvelles [...]*
> *Mais* **puisque aujourd'hui vous demandez de ses nouvelles** *elle se porte assez bien et Clémentine aussi mais je ne lui donnerai votre lettre que quand vous nous en enverrez une dans laquelle vous voudrez bien mettre* **vos intentions pour [elle] et son enfant qui doit être le vôtre** *[...]* »
>
> signature : *F^me Mallet mère de Zelia*
> adresse : *M. Mallet repasseuse, rue Louis Philippe n°28, au Havre*

---
[1] Voir p. 4

destinataire : *Mr Berlioz Louis, chez Mr Perrot, café du commerce, à Saint Nazaire*
(Madame MALLET à Louis BERLIOZ - 25 avril 1864[1])

Cette lettre nous a donc permis de faire les constatations suivantes :

1 - Zelia est revenue chez ses parents après s'être absentée durant 20 mois.

En novembre 1861, Louis dit en effet qu'il vit avec elle depuis 14 mois, mais c'est sans doute un peu plus puisque dès le mois d'août Berlioz refuse de donner à Louis la permission de se marier[2] et que pour accoucher en mars, Zelia a dû être enceinte dès juillet...

Si Zelia et Louis se sont vraisemblablement séparés fin juin ou début juillet 1862, Zelia n'est sans doute pas partie au Havre avant le mois d'août. En effet, Madame Mallet dit qu'elle l'a retrouvée il y a 20 mois et qu'elle était toute seule avec Clémentine à ce moment. Si nous faisons le compte à rebours des mois depuis avril 1864, cela nous amène en août 1862. Nous rappelons que c'est aussi en août que Louis a quitté Marseille pour Paris.

---

[1] CG VII, p. 59
Reproduction du manuscrit original, publié ici pour la première fois dans son intégralité, p. 43-46, tel que Louis l'a reçu, ainsi que l'enveloppe de la poste qui nous indique la date avec certitude.
Nous signalons que dans l'édition de la *Correspondance générale* d'Hector Berlioz il y a deux erreurs d'écriture.
En effet, il est écrit « 2° » au lieu de « 20 », madame Mallet ayant écrit le « 0 » plus petit que le « 2 » (selon une habitude courante aux XVII° et XVIII° siècles) et cela ayant donc pu prêter à confusion. D'autre part, elle signe sa lettre « F^{me} Mallet », (abréviation de Femme Mallet), comme c'était la coutume à l'époque, et non « V. Mallet »

[2] Voir p. 16

2 - Clémentine semble avoir l'âge d'aller à l'école puisque Mme Mallet demande son acte de naissance pour l'inscrire. Or, à cette époque on ne commençait pas la scolarité vers 10/11 ans (ce qui aurait été l'âge de Clémentine si elle était née en 1853/54 comme il a été écrit dans tous les livres qui font allusion à sa naissance[1]) mais à partir de 6 ans (vérification faite à la fois dans un registre d'école de l'époque ainsi que dans les textes de loi sur l'enseignement en vigueur à cette date[2]).

3 - Et surtout, Louis n'a pas oublié sa fille puisqu'il en demande des nouvelles.

Nous ne savons pas si Louis a répondu à cette lettre et s'il en a parlé à son père, car celui-ci écrit :

> « *[...] Je te vois, comme j'étais à ton âge, ravagé par les œuvres de génie. Ne te livre pas trop, et surtout ne te livre pas en présence des gens qui ne peuvent te comprendre et qui se sentent blessés de n'être pas ce que tu es. [...] J'aurais à ce sujet et à mille autres sujets d'interminables pages à t'écrire, **à présent que nous nous entendons tout à fait** ; [...]* (Hector BERLIOZ à Louis BERLIOZ - 3 mai 1864[3])

---

[1] CAIRNS, 2002, vol. II, p. 611 et in *Dictionnaire Berlioz*, 2003, p. 72 ainsi que CG IV p. 620 et CG VI p. 253 n

[2] La loi du 29 décembre 1816 ordonne l'enseignement primaire dans toutes les communes, mais c'est la loi Guizot du 28 juin 1833 qui en donne les moyens.

Quant à la loi Falloux, du 15 mars 1850, elle rend obligatoire l'école primaire de filles dans les communes de 800 habitants, puis de celles de 500 habitants (en 1867).

En ce qui concerne les enfants de 2 à 6 ans, ils peuvent être admis dans les « salles d'asile » (futures écoles maternelles) où ils sont confiés à une institutrice.

[3] CG VII, p. 57

Puis le mois suivant cette bonne relation est confirmée par une autre lettre :

> « [...] *J'aurais besoin de causer avec toi pour bien des choses*. *Écris-moi donc aussitôt que tu seras revenu à St Nazaire.* [...] (Hector BERLIOZ à Louis BERLIOZ - 22 juin 1864[1])

Cependant, Berlioz poursuit ses activités et durant les mois de juin et juillet il termine la *Postface* de ses *Mémoires*.
Au début d'août, il voit son fils qui revient du Mexique.
A la fin de l'été, il se rend dans son Dauphiné natal et, sur le chemin du retour il a le bonheur de retrouver, le 23 septembre, à Lyon, Estelle Fornier, son premier amour.
Rentré à Paris, à l'automne, Berlioz montre dans ses lettres qu'il est fier de la réussite de son fils et heureux de l'accord qui règne entre eux. Il regrette d'ailleurs que leurs retrouvailles soient toujours de courte durée.

> « [...] *il y a des satisfactions réelles ;* **mon fils est maintenant capitaine** *; il commande le vaisseau La Louisiane, en ce moment en route pour le Mexique ; ce pauvre garçon se résigne difficilement à ne me voir que pendant quelques jours, tout les quatre ou cinq mois ; nous avons l'un pour l'autre une affection inestimable.* [...] (Hector BERLIOZ à Humbert FERRAND - 28 octobre 1864[2])

> « [...] *Je te préviens que tu auras désormais à parler à Louis avec un certain respect,* **il est Capitaine provisoire de La Louisiane, et il sera Capitaine définitif à son**

---

[1] CG VII, p. 69
[2] CG VII, p. 137

retour en Europe. Il a dû arriver au Mexique aujourd'hui. C'est un voyage qu'il fait deux fois par an, il passe ensuite deux mois à St Nazaire [...] et quinze jours à Paris chez moi. Nous trouvons tous les deux que cette quinzaine est bien courte ; car tu sauras que **Louis et moi sommes devenus frères**, *et que c'est lui qui est le frère aîné.* [...] (Hector BERLIOZ à Mathilde MASCLET - 10 novembre 1864[1])

Le 1er janvier 1865, Berlioz met un point final à ses *Mémoires* qui ne devront être publiés qu'à titre posthume.

Il en offrira un exemplaire à Estelle Fornier, Louis devant se charger de la vente des ouvrages après son décès.

Quant à Louis, il écrit le même jour à son père une lettre prémonitoire :

« [...] *Je t'aime, je voudrais te voir, causer avec toi !* [...]
J'ai eu bien des maîtresses, *j'ai eu bien des amis, j'en ai un véritable, Alexis*[2] *; [...] Tu es mon Dieu,* [...]
Il me semble que nos existences sont liées, elles sont les torons d'une corde (cordons d'une corde), si l'un se brise l'autre se brisera ; ils ne peuvent exister l'un sans l'autre, ils forment un tout. » (Louis BERLIOZ à Hector BERLIOZ - 1 janvier 1865[3])

Après cette lettre, Louis ne mentionne plus jamais ni femme ni enfant dans sa correspondance.

Il indique lui-même, dans une lettre envoyée de Saint-Nazaire à la fin de l'année, qu'il n'a aucun lien :

---

[1] CG VII, p. 154
[2] Alexis Bertchtold, voir p. 21, n. 1
[3] CG VII, p. 94-195

« *Ma position devient si belle, que **n'étant pas marié**, il faut que je me pose en garçon sérieux, logé, ayant un chez soi où l'on peut aller avec la certitude de me trouver.* » (Louis BERLIOZ à Hector BERLIOZ – 12 novembre 1865[1])

Que sont donc devenues Clémentine et sa mère Zelia ?

---

[1] CG VII, p. 335

Lettre de Madame Mallet à Louis Berlioz

Monsieur

J'ai reçu votre lettre que vous adressé a ma fille Célia j'en ai lu et pas donné car je voudrez bien savoire avans de lui remettre vos intentions pour elle et ta chère petite Clémentine qui est très interresante mes comment avez vous put resté si long tant sans donné de vos nouvelle vous n'avez dons pas pensé au chagrin que vous lui avez fait en Dare et quelle misère avec un enfan qui ne merite pas la chère petite car quand nous avons put les retrouvé il les a tous bien dans la misère payé une famme seule avec un enfan sans aucune resourse et sans personne puis quelle mot et revenir a nous après la faute qu'el avet fait de nous quité mes a tout par chrétien miséricorde depuis le 1er mai nous nous somme réconciliés et elle est presque toujour avec nous et nous avons la petite toujour avec nous la chère petite qui est charmante come une petite ange mes panssé que c'est un grande charge pour nous car cette chère petite ele n'es pas elevée et nous somme sur l'age et nous n'avons de resourse que notre travaille fille vous oubliés la mere au moins pansé a l'anfan qui doit estre lo votre fille vous venies au havre vous pouvé venire la voir ches nous fille se la pout vous ete agreable faita bien tos te tans de la maitre en classe nous avons besoin de son acte de nésanse fille vous ettai possible de nous la fen prevenire vous nous feriés gran plaisir comant ce saitil que ce la vous a escrit la tre sur faito et que vous ne parties pas que vous en aver resut ce pandans la povre enfan elle a tout fait pour avoire de vos nouvelle mes ele n'a put en apretenire de personne

moi puis que jourdui vous demandes
de ses nouvelles elle se porte asses bien
et clémentine aussi moi je ne lui
donnerai votre lettre que quand
nous en nous en voye une dans
la quelle vous rendres bien maître
vos intensions pour et son enfan
qui doit être le votre car vous
comprenez que ville vous naviez
pour trus de bonne intensions
serai inutille de lui fere de muvos
chagrins qui altere beaucoup sa santé
ensi Monsieur jatant votre
réponse pour lui remettre sortaite
en a tant dans je vous salue
            Vᵛᵉ Mallet mᵉ de rebu

voila mon adres
Mᵉ mallet repasseuse
rue louis philippe N° 28
au havre

Collection musée Hector Berlioz, fonds C. Reboul-Berlioz

Lettre de Madame Mallet à Louis Berlioz
Transcription de la lettre originale

Monsieur '
J'ai resut votre laitre que vous adresse a mafille zelia jenelui et pas doné car je voudrer bien savoirre avans de lui remaitre vos intansions pour elle et lachere petite clemantine qui est très interessante mes comment avez vous put reseté sille lontant sans donné de vos nouvelle vous n'avez dons pas pansé au chagrin que vous lui avez fait en duré et quelle miserre avec un enfan qui ne merite la cherre petite car quand nous avons put les retrouvé il le ettes bien dans la miserre jugé une famme seulle avec un anfan san ocune resourse et sant persone puis quelle noset revenirre a nous a pres lafaute quel avet fait de nous quité mes a tout paichemiséricorde depuis 2o mois nous nous somme réconsiliés et elle est presque toujour avecnous et

nous avons la petite toujour a vec nous la cherre petite qui est charmante come une petite ange mes pansé que c'est un grande charge pour nous car cette cherre petite elle nes pas ellevés et nous somme sur lage et nous navons de resoursse que notre travaille sille vous oubliés la merre au moins pansé a lanfan qui doit esttre levotre sille vous venier auhavre vous pouvé venirre la voire cher nous sille selapeut vous aitre a gre able voilà bientos le tans de lamaitre en classe nous oroins be soin deson acte de nésanse sille vous ettai possible de nous laferre parvenirre vous nous feriés gran plaisirre comant ce faitille que zelia vous a ecrit laitre sur laitre et que vous neparlier pas que vous en avez re sut ce pandans lapovre enfan elle a tout fait pour avoirre de vos nouvelle mes elle naput en aupetenirre de personne

    mes puis quo jourdui vous demander de ses nouvelle elle seporte ases bien et clemantine aussi mes jenelui donnerai votre laitre que quand vous en nous en voiye une dans laquelle vous voudrer bien maitre vos intansions pour et son anfan qui doit aitre le votre car vous conpre née que sille vous naviés pour heus de bonne intansions serai inutille de lui ferre de nouvos chagrins qui alterre beaucoup sa santé in si Monsieur jatant votre réponse pour lui remaitre vos laitre

        en a tans dans Je vous salue
             F^{me} Mallet mere de zelia

      Voila mon adrese
    M'mallet repasseusse
    rue louis philippe N°28
        au havre

Intitulé de l'enveloppe

Monsieur ' berliosse louis

*Cher Monsieur 'perrot café du commerse
a S^t nazaire*
25

    Loire   inferieure
AVRIL

64

(7h)

Texte de la lettre avec les corrections orthographiques

   Monsieur,
   J'ai reçu votre lettre que vous adressez à ma fille Zelia[.] Je ne lui ai pas donnée car je voudrais bien savoir avant de lui remettre vos intentions pour elle et la chère petite Clémentine qui est très intéressante[.] Mais comment avez-vous pu rester si longtemps sans donner de vos nouvelles[,] vous n'avez donc pas pensé au chagrin que vous lui avez fait endurer et quelle misère avec un enfant que ne mérite pas la chère petite[.] Car quand on a pu les retrouver, elles étaient bien dans la misère[,] jugez une femme seule avec un enfant sans aucune ressource et sans personne puisqu'elle n'osait pas revenir à nous après la faute qu'elle avait faite de nous quitter[,] mais à tout péché miséricorde[.] Depuis 20 mois nous nous sommes réconciliés et elle est presque toujours avec nous et nous avons la petite toujours avec nous[,] la chère petite qui est charmante comme un petit ange[.] Mais pensez que c'est une grande charge pour nous car cette chère petite elle n'est pas élevée et nous sommes

sur l'âge et nous n'avons de ressource que notre travail[.] Si vous oubliez la mère au moins pensez à l'enfant qui doit être le vôtre[,] si vous veniez au Havre vous pourriez venir la voir chez nous[.] Si cela peut vous être agréable[,] voilà bientôt le temps de la mettre en classe[,] nous aurions besoin de son acte de naissance[.] S'il vous était possible de nous le faire parvenir vous nous feriez grand plaisir[.] Comment se fait-il que Zelia vous ait écrit lettre sur lettre et que vous ne parlez pas que vous en avez reçu[,] cependant la pauvre enfant elle a tout fait pour avoir de vos nouvelles[,] mais elle n'a pu en obtenir de personne[.]

Mais puisque aujourd'hui vous demandez de ses nouvelles, elle se porte assez bien et Clémentine aussi, mais je ne lui donnerai votre lettre que quand vous nous en enverrez une dans laquelle vous voudrez bien mettre vos intentions pour [elle] et son enfant qui doit être le vôtre, car vous comprenez que si vous n'avez pour [elles] de bonnes intentions [il] serait inutile de lui faire de nouveaux chagrins qui altèrent beaucoup sa santé[.] Ainsi Monsieur j'attends votre réponse pour lui remettre votre lettre[.]

En attendant je vous salue[.]
[Femme] Mallet, mère de Zelia

chapitre II

Recherches sur Clémentine et sa famille

L'étude de la *Correspondance Générale* nous a permis de retrouver les documents relatifs à la naissance et au baptême de Clémentine mais ne nous apprend rien sur son existence, mis à part qu'en 1864 elle est au Havre, chez sa grand-mère maternelle.

Nous avons alors entrepris des recherches auprès des services d'archives des lieux où elle et sa famille vivaient, sans oublier de consulter les nombreux sites Internet consacrés à la généalogie.

Il nous faut avouer cependant que nous n'avions ni l'un ni l'autre jamais entrepris de recherches généalogiques et que nous avons découvert « sur le tas » comment il fallait s'y prendre ! Ce qui explique que, ajouté au fait que nous avons pour de multiples raisons dû souvent faire de longues pauses dans nos travaux, ce travail nous ait pris autant de temps…

Nous avons examiné les registres de l'état civil de Marseille pour la naissance et le baptême de Clémentine puis ceux de Boudeville[1], Le Havre et Rouen ainsi que de plusieurs autres communes de Seine-Maritime (ancienne Seine-Inférieure). En effet, les archives françaises étant classées par communes, il n'était pas possible d'étudier toutes celles du département et nous n'étions pas sûrs que Clémentine y eût vécu jusqu'à la fin de ses jours.

Devant l'insuccès de nos recherches en Normandie, nous avons pensé que la solution se trouvait peut-être à Marseille… où nous avons effectivement retrouvé la trace de Clémentine.

Nous avons consulté les archives de Marseille et d'un grand nombre de communes environnantes, sans oublier celles où il y eut des déplacements de population en raison de la guerre de 1939-1940, mais avouons n'avoir pas non plus fait de demandes dans toutes les communes du Midi de la France.

---

[1] Commune où Zelia, la mère de Clémentine, déclare être née (cf. acte de naissance p. 28)

Cependant, au vu de tous les documents que possède un centre d'archives, nous avions le sentiment de n'avoir pas exploité à fond les possibilités offertes en Seine-Maritime. Nous nous sommes donc rendus à Rouen pour reprendre nos recherches, surtout pour ce qui concerne Zelia et sa mère, voire son père.

Des généalogistes rencontrés lors de nos déplacements nous ont clairement fait comprendre que, vu le peu d'éléments en notre possession, notre entreprise s'apparentait plutôt au fait de « chercher une aiguille dans une botte de foin » !, mais néanmoins nous avons tenu à exploiter toutes les pistes possibles...

Voici donc toutes les démarches que nous avons entreprises au sujet de Clémentine, ses parents et ses grands-parents.

Pour aider à la clarté de la lecture, nous avons décidé d'employer des abréviations pour désigner les différents sites d'archives que nous avons le plus consultés :

- AD 76 = Archives départementales de Seine-Maritime, à Rouen
- AD 13 = Archives départementales des Bouches-du-Rhône, à Marseille
- AM H = Archives municipales de la ville du Havre
- AM M = Archives municipales de la ville de Marseille
- AM P = Archives de la ville de Paris

Et de façon générale, nous emploierons les termes AD et AM en précisant le lieu pour tous les autres sites d'archives consultés.

Clémentine Mallet

Registres des Naissances[1] (AD 13)

Nous avons commencé nos recherches par les archives départementales car si Clémentine n'était pas née exactement dans la commune de Marseille, nous avions ainsi à notre disposition toutes les archives des communes environnantes.

En fait, Clémentine est née à Marseille, le samedi 30 mars 1861, veille du jour de Pâques, au 5 de la rue Four du Chapitre, et la naissance ne sera enregistrée que le 2 avril.

Nous avons pu constater que le médecin, Alexandre Martin, habitait en 1860 au numéro 2, place des Augustines, puis en 1861 et 1862, au numéro 4 de la même place. Quant au témoin Joseph Roustan, il habitait bien au 36, rue des Minimes en 1860 et 1861[2].

Registre des Naissances [3] (AM M)

Lorsque nous avons décidé de reprendre les recherches à Marseille, nous nous sommes rendus cette fois aux archives municipales de la ville et en avons profité pour relire l'acte de naissance de Clémentine afin de vérifier qu'aucun détail ne nous avait échappé. Nous avons alors été étonnés d'y découvrir un « V » dans la marge. Après de multiples vérifications, cette lettre indique qu'une carte d'alimentation a été délivrée à Clémentine, à Marseille, en 1940. En effet, un décret du 29 février 1940[4] stipule que « Toute personne résidant en France est tenue de faire avant le 1er avril 1940 une déclaration portant les indications fixées par un arrêté interministériel [...] Cette

---

[1] Registre 201 E 4337, n° 36 (PI), p. 13 – Acte reproduit p. 28
[2] *Annuaires guides indicateurs marseillais,* 1860, 1861 et 1862
[3] Registre des naissances, année 1861, n° 4 (1 E 1063) - Acte reproduit p. 31
[4] *Journal Officiel,* 1er mars 1940

déclaration est déposée à la mairie de la commune où le déclarant avait sa résidence le 1ᵉʳ mars 1940 […] ».

Puis le décret du 9 mars 1940[1] précise que « La déclaration est à faire sur une fiche de demande de carte distribuée à chaque consommateur par les soins des maires. La fiche, remplie par le consommateur, doit être remise par celui-ci dans la commune où il a passé la nuit du 2 au 3 avril 1940 […] ».

Ce sont donc bien les mairies du lieu d'habitation des déclarants qui ont distribué ces cartes, ce qui explique que les registres des archives départementales, qui sont des doubles des registres des mairies, ne comportaient pas cette inscription dans la marge.

Ce « V » indique bien que la personne était « vivante » car nous l'avons retrouvé sur de nombreux autres actes de naissance, y compris sur ceux de personnes nées après 1900, et qui ne pouvaient donc être classées « vieilles »[2]. Nous avons en outre procédé à des recherches similaires dans plusieurs autres villes de France sur des actes de naissance de membres de nos propres familles, nés avant et après 1904 (les actes de moins de 100 ans étant accessibles aux descendants identifiés)[3] et dont nous étions sûrs du lieu de résidence à cette époque[4].

---

[1] *Journal Officiel*, 10 mars 1940

[2] En effet, sur les cartes d'alimentation apparaissait la catégorie dans laquelle se trouvait la personne, représentée par une lettre : « E », pour les enfants de moins de 3 ans, puis « J » de 3 à 12 ans, « A » de 12 à 70 ans, « T » de 12 à 70 ans, exerçant un travail pénible, « C » pour les agriculteurs, sans limite d'âge et « V » pour les personnes de plus de 70 ans ne pouvant être classées en « C ».

[3] À Lyon par exemple, on trouve une étoile dans la marge des actes de naissance. Dans les petites communes de l'Isère ou de la Saône et Loire, on s'est contenté de barrer par un trait en diagonale les actes de naissance des personnes décédées.

[4] Si la personne habitait dans une commune différente de celle de sa naissance elle devait le signaler en déposant sa demande et alors la carte était établie par la mairie de son lieu de résidence. (*Journal*

Donc, nous pouvons affirmer que **Clémentine était vivante en 1940 et habitait Marseille.** Elle était alors âgée de 79 ans.

Registres des Baptêmes[1] (AD 13)

Le baptême de Clémentine a eu lieu en la cathédrale Sainte Marie Majeure[2], le 9 avril 1861, dix jours après sa naissance. Comme nous l'avons déjà signalé[3], elle est enregistrée sous le nom de «Clémentine Berlioz» et il est clairement écrit que le père est «Louis Clément Berlioz».

Le prêtre qui rédige l'acte de baptême, J. Carbonel, était chanoine, Grand Chantre, secrétaire général de l'Évêché[4].

Registres des Reconnaissances de Paternité

De la part de Louis Berlioz, de 1861 à 1865, aussi bien sous le patronyme Berlioz que Mallet. (AD 13) Aucun résultat.

Registres des enfants assistés.

Comme nous perdons la trace de Clémentine au Havre après la lettre de sa grand-mère en avril 1864, nous avons pensé que Zelia aurait pu revenir à Marseille avec sa fille, mais sans avoir les moyens de s'en occuper financièrement.

Nous avons donc consulté les *Registres d'inscription des enfants de parents indigents* et les *Registres des enfants assistés* à partir de 1864 ainsi que les *Registres des tutelles* pour les élèves de l'hospice nés en 1861[5].

Les mêmes recherches effectuées dans les registres équivalents de Rouen, n'ont rien donné.

Officiel, 10 mars 1940)
[1] Registre 35 J 27/45, n° 267 (B), p. 95 – Acte reproduit p. 30
[2] Voir p. 108-109
[3] Voir p. 24, quatrième §
[4] *Annuaires guides indicateurs marseillais*, 1861
[5] Les enfants y étaient admis de 12 à 21 ans.

Ces recherches n'ont pu être faites au Havre, car il n'y a pas de listes dans les archives mais seulement des statistiques.

Même si cela nous paraissait improbable, nous avons également consulté les *Registres des enfants abandonnés* en 1864/1865. (AD 13)

Supposant que Zelia aurait pu se rendre à Paris avec sa fille nous y avons examiné les *Registres des enfants en dépôt*, les *Registres des enfants assistés* et les *Registres des enfants secourus* à partir de 1864, tout ceci sans trouver la moindre mention de Clémentine.

Registres des Mariages

Pour le cas où Clémentine se serait mariée. Nous avons cherché jusqu'en 1902, bien que la mention du mariage doive être reportée dans la marge de l'acte de naissance à partir de la loi du 17 août 1897. (AM Boudeville, Le Havre et Rouen ainsi que tous les villages ou villes ayant un rapport avec les membres de la famille Mallet) (AM Marseille et AM Paris) Aucun résultat.

Tables des naissances (AD 76 et AD 13)

Nous avons recherché au Havre, à Rouen et à Marseille ainsi que dans tous les villages et les villes où résidaient des membres des familles Mallet et Michel si Clémentine avait eu un enfant naturel. Rien n'a été trouvé.

Fichier des « Morts pour la France »

Nés à Marseille. (site SGA - mémoire des hommes[1]). Nous avons recherché les filiations des soldats nés Mallet, mais aussi « dit Berlioz[2] ». Aucun d'entre eux n'avaient Clémentine pour mère et nous n'avons pas trouvé de « dit Berlioz ».

---

[1] www.memoiredeshommes.sga.defense.gouv.fr
[2] Voir article de Peter BLOOM, p. 104-105

Quant aux *Registres de Matricules*, ils ne sont consultables qu'à partir de 150 ans après la naissance du soldat car ils peuvent contenir des renseignements d'ordre médical. D'autre part, il faudrait connaître le lieu d'habitation du soldat voire son lieu de naissance pour déterminer le nom du bureau de recrutement dans lequel il a été enregistré.

Registres des Pères Inconnus
Afin de trouver un éventuel enfant naturel de Clémentine, puisque nous n'avons pas trouvé de mariage. (AD 13 et AD 76) Mais aucun résultat.

Congrégations religieuses
On trouve les archives concernant le fonctionnement des congrégations, mais aucune liste de personnes.(AD 13)

Listes électorales de 1945 à Marseille
En effet, le premier vote des femmes a lieu le 21 avril 1945, pour les élections municipales. Mais, à cette date, si elle était encore vivante, Clémentine aurait été âgée de 84 ans. (AD 13)

Registres des Décès avant 1903
Date au-delà de laquelle les archives ne sont plus accessibles au public, à Boudeville et au Havre (AD 76), puis à Marseille (AD 13) et enfin à Sainte-Hélène-Bondeville, à Notre-Dame-de Bondeville et Rouen (AD 76), puis à Paris (AM P).
Cette recherche était possible car les femmes sont toujours enregistrées sous leur nom de jeune fille, suivi éventuellement, de la mention « épouse de »[1]. Aucun résultat.
En ce qui concerne les années après 1903, nous avons fait une demande par écrit, dans l'hypothèse où le décès de Clémentine[2] aurait pu y être enregistré, auprès des services de l'état civil de plus d'une cinquantaine de communes.

---
[1] *Code civil*, livre premier, chapitre IV, article 79

(AM Boudeville et Le Havre, ainsi que les mairies annexes)
(AM Marseille, AM des communes de la communauté de communes ainsi que des communes de l'arrondissement de Marseille et celles le jouxtant)
(AM de toutes les villes dans lesquelles a été déplacée la population de Marseille durant la guerre de 1939/1940[1])
(AM Sainte-Hélène-Bondeville, Notre-Dame-de-Bondeville et Rouen)
Aucun résultat.

Registres des Inhumations du Cimetière Saint-Pierre de Marseille
Nous avons consulté les registres des années 1940 à 1945, sans trouver mention de Clémentine. Puis consultations de tous les autres cimetières de Marseille et de sa banlieue.

Tables des Décès, Successions et Absences
Ces registres ne peuvent être étudiés par le public s'ils ont moins de 100 ans. (AD 13). Mais nous avons pu faire une demande par écrit grâce à l'intervention d'une descendante de Nanci Berlioz[2] qui s'est justifiée de sa parenté, mais en vain, Clémentine n'étant pas mentionnée dans ces listes.
De plus, les archives de l'enregistrement du Havre ont été détruites lors de la seconde guerre mondiale.

---

[2] Si les actes d'état civil de moins de 100 ans ne sont accessibles qu'aux descendants directs qui peuvent prouver leur filiation, il est possible pour le public d'obtenir des copies d'actes, mais sans aucune filiation indiquée.
[1] Les listes de ces communes ont été publiées à plusieurs reprises dans les journaux de Marseille.
[2] Martine Perrin, née Reboul Berlioz, sœur de Catherine.

Événements de la seconde guerre mondiale.

Au cours de nos recherches nous avons découvert que tout le quartier du Vieux Port de Marseille avait été évacué le 2 février 1943. La presse ayant publié les listes officielles, nous avons pu faire des recherches auprès des communes d'accueil connues[1], pour le cas où Clémentine y serait décédée, mais nous n'avons obtenu aucun résultat. Cependant, il est aussi indiqué qu'un grand nombre de personnes ont trouvé refuge ailleurs par leurs propres moyens, ce qui ne nous donne aucun moyen de recherche.

D'autre part, il faut savoir que Marseille a subi un premier bombardement le 12 décembre 1943, où l'on dénombra 39 morts dont 16 ne purent être identifiés.

Le deuxième bombardement, le plus terrible, eut lieu le 27 mai 1944. Il fit 1100 morts et 1125 blessés. Cette fois, un grand nombre de victimes ne purent être identifiées.

Quant au troisième bombardement, il eut lieu le 15 août 1944. Il y eut environ 40 morts, 50 blessés et 10 000 sinistrés.

A chacun de ces trois bombardements importants les services municipaux et les journaux de Marseille ont publié les listes de toutes les victimes identifiées, ainsi que les lieux où avaient été hospitalisés les blessés, y compris ailleurs qu'à Marseille. Nous avons donc aussi demandé à ces communes un éventuel acte de décès de Clémentine, mais cela n'a donné aucun résultat.

Il n'est donc pas impossible que Clémentine ait fait partie des personnes non identifiées décédées lors des bombardements. Si Clémentine, alors très âgée, vivait seule et sans entourage familial, personne n'aurait déclaré sa disparition et la procédure n'aurait pas même été engagée[2].

---

[1] Voir p. 57 , § *Fichier des « Morts pour la France »*
[2] Il faut ajouter que s'il n'y a pas de jugement constatant la présomption d'absence, celle-ci est confirmée lorsque « la personne aura cessé de paraître au lieu de son domicile ou de sa résidence, sans que l'on ait

Nous avons, par ailleurs, recueilli le témoignage d'une famille habitant Marseille à cette époque et dont l'un des leurs a disparu lors du bombardement de mai 1944. Malgré toutes les recherches entreprises aussitôt après, le corps de celui-ci ne fut jamais retrouvé.

Cependant, si le lieu du décès nous reste inconnu, nous pouvons dire que Clémentine est décédée après avril 1940, date de la délivrance des cartes d'alimentation[1], et avant juillet 1945

En effet, la loi du 29 mars 1945 ordonne d'inscrire le lieu et la date du décès dans la marge de l'acte de naissance. Or dans le registre des naissances n°4 de l'année 1861 (celui où est inscrite celle de Clémentine) le premier décès dont nous trouvons mention dans la marge date de juillet 1945 et l'acte de naissance de cette personne comporte lui aussi un « V » dans la marge.

---

eu de nouvelles depuis plus de vingt ans » (*Code Civil*, chapitre II, article 122)

[1] Voir p. 54, § *Registres des naissances* (AM M)

Recensement de 1861
Marseille (rue Four du chapitre)

Archives de la ville de Marseille
Cote 2 F 162 B, cahier 11

Zelia Mallet

Registres des Naissances, entre 1833 et 1842

Lors de la naissance de sa fille, Zelia déclare être née à Boudeville et être âgée de 23 ans en mars 1861 (donc née en 1837/1838, suivant qu'elle soit née au début ou à la fin de l'année). Aucun Mallet n'y est enregistré, de même qu'aucune Zelia (ou Zélie) en cherchant sans nom patronymique, ce prénom étant peu usité. (AM Boudeville)

Nous avons également cherché si Zelia Mallet n'était pas née à Doudeville, commune voisine de Boudeville, au cas où il y aurait eu une faute d'orthographe dans l'acte de naissance de Clémentine[1] ; puis au Havre, puisque sa mère y habitait. (AM Doudeville et Le Havre). Cela, sans aucun résultat.

Mais, si de nos jours, il n'existe qu'un village nommé Boudeville, en Seine-Maritime (dénommée Seine-Inférieure jusqu'en 1955), nous avons découvert qu'autrefois il existait un autre Boudeville (canton de Pacy-sur-Eure) dans l'Eure[2]. Ce village est aujourd'hui rattaché à la commune de Saint-Aquilin-de-Pacy. Mais ni à Pacy-sur-Eure ni à Saint-Aquilin-de-Pacy on ne trouve d'acte de naissance de Zelia. (AD Eure)

---

[1] En effet, jusque vers la fin du 19ème siècle, il n'existait aucun papier d'identité. Les livrets de famille ne feront leur apparition qu'en 1877 et donc, avant cette date, toutes les déclarations d'état civil se faisaient oralement. Ce qui explique les nombreuses erreurs ou les transformations des noms de personnes qu'il faut parfois rechercher suivant leur prononciation phonétique à moins qu'ils ne soient tout simplement « féminisés » par l'adjonction d'un « a » à la fin quand il s'agit de la naissance d'une fille.
De plus, il faudra attendre 1922 pour que la mention des dates et lieux de naissance des parents apparaissent sur les actes de naissance de leurs enfants.
[2] *Dictionnaire des Postes de l'Empire*, édité en 1859 par l'administration des Postes

Cependant, le fait de ne trouver aucune trace de Zelia nous laissait perplexes et nous a amenés à penser qu'il existait peut-être une ou plusieurs communes dont le nom, phonétiquement, à l'instar des noms de personnes, se rapprochait de Boudeville. Aussi, avant de reprendre nos investigations en Normandie nous avons consulté la liste de tous les cantons et communes de Seine-Maritime. Nous avons ainsi découvert l'existence de Sainte-Hélène-Bondeville et de Notre-Dame-de-Bondeville.

La commune de Sainte-Hélène-Bondeville a été créée en 1826 par la réunion des deux anciennes paroisses de Sainte-Hélène et de Bondeville-sur-Fécamp. Elle fait partie du canton de Valmont et de l'arrondissement du Havre.

Quant à la paroisse de Saint-Denis-de-Bondeville, elle a été réunie vers 1815 avec celle de Notre-Dame-de-Bondeville, plus importante. C'est un chef-lieu de canton qui fait partie de l'arrondissement de Rouen et que l'on trouve quelquefois cité sous le nom de Bondeville seulement.

Stimulés par cette découverte, c'est alors que nous est venue, enfin... l'idée de comparer la façon dont est écrit le lieu de naissance de Zelia sur les deux actes de naissance de Clémentine en notre possession. Si sur le premier, celui des archives départementales des Bouches-du-Rhône, qui est une copie de l'original réalisé en mairie, on lit clairement « Boudeville », il n'en est pas de même sur l'acte des archives municipales de Marseille. On se rend compte qu'il s'agit très certainement d'un « n » et non d'un « u » quand on compare avec d'autres mots de ce texte où l'on est sûr qu'il y a un « n », par exemple « rentière » sur la même ligne ou « Clémentine », à la deuxième ligne. Cette constatation nous prouvait bien l'utilité d'approfondir nos recherches en Seine-Maritime.

Nous nous sommes donc rendus aux archives départementales de Seine-Maritime, à Rouen, où sont regroupées maintenant les archives des communes du département datant de plus de 100 ans. Nous avons tout d'abord consulté les registres de Sainte-Hélène-Bondeville, située plus près du Havre, où nous n'avons rien trouvé.

Ensuite, nous avons exploré ceux de Notre-Dame-de-Bondeville. En fait, la commune portera d'abord le nom de Bondeville-Notre-Dame et elle deviendra Notre-Dame-de-Bondeville à partir de 1830. Nous n'avons rien trouvé en 1837, mais en 1838 l'acte de naissance de Zelia y figure à la date du 8 août[1]. Grâce à ce document, nous avons enfin pu reconstituer la généalogie de Zelia dont nous parlerons au chapitre suivant, consacré à madame Mallet et sa famille.

Registres des Baptêmes
Connaissant la date de naissance, il nous a ensuite été facile de découvrir l'acte de baptême qui a eu lieu dans la paroisse de Notre-Dame-de-Bondeville le 19 août 1838[2]. Ce document nous confirme la filiation de Zelia tout en montrant une fois de plus la fantaisie dans l'orthographe des noms à cette époque, Zelia Maria étant devenue Marie Hélie…

Registres des Mariages
S'il y avait eu mariage après son retour au Havre, puis aussi à Marseille (AM H et AM M) et enfin à Notre-Dame-de-Bondeville et à Rouen (AD 76). Aucun résultat.

Registres des Décès, avant 1903 et après 1903
En effectuant les mêmes démarches que pour Clémentine. (AM Boudeville et Le Havre) (AD 76) Aucun résultat.

---

[1] Registre des naissances, mariages et décès de Notre-Dame-de-Bondeville, année 1838, acte n° 115 – 5 MI 2481 – Acte reproduit p. 67

[2] Registre des baptêmes, mariages et sépultures de la paroisse de Notre-Dame-de-Bondeville, année 1838, acte n° 47 – 1 J 503 – Acte reproduit p. 69

Mais, par contre, découvrant que Emile Mallet, son frère était décédé à Paris[1], nous avons entrepris de chercher si par hasard elle ne s'était pas installée elle-aussi dans la capitale.

Nous avons effectivement trouvé un acte de décès au nom de Zélie Marie Mallet, le 19 mars 1873, dans le 14° arrondissement, à son domicile. Il est écrit qu'elle est née au Havre, « fille de … » sans aucune autre précision et est âgée de 29 ans. Elle est journalière et demeure 131, rue de l'Ouest[2].

Malgré le manque d'indication concernant la filiation nous pensons cependant qu'il s'agit bel et bien de la mère de Clémentine, car étant née en août 1838 elle devrait avoir en réalité 34 ans, mais avait-elle donné son âge véritable à ses voisins ?

D'autre part, il n'y a aucune naissance au nom de Zélie Marie Mallet au Havre pendant cette période.

Recensement de 1861[3] à Marseille

Afin de connaître les noms des habitants du n°5 de la rue Four du Chapitre.

Mais en fait, cela ne nous aurait pas permis de progresser dans nos recherches, car mis à part l'âge des personnes, aucun autre renseignement sur l'état civil ne figure sur le document[4].

Par contre, dans la liste des habitants du n°5 de la rue Four du Chapitre, nous trouvons le parrain de Clémentine, Jean-Baptiste Ganay. Il a 20 ans et vit avec sa mère qui est tailleuse.

---

[1] Voir p. 77
[2] Site des Archives de Paris – Registre V4E 4385 – Décès du 14° arrondissement – Reproduction de l'acte p. 82
[3] AM M, cote 2 F 162 B, cahier 110
[4] La date de naissance (au lieu de l'âge) sera mentionnée seulement à partir du recensement de 1901 et il faudra attendre 1946 pour que soit indiqués la date et le lieu de naissance de la personne recensée.

Acte de naissance de Zelia Mallet

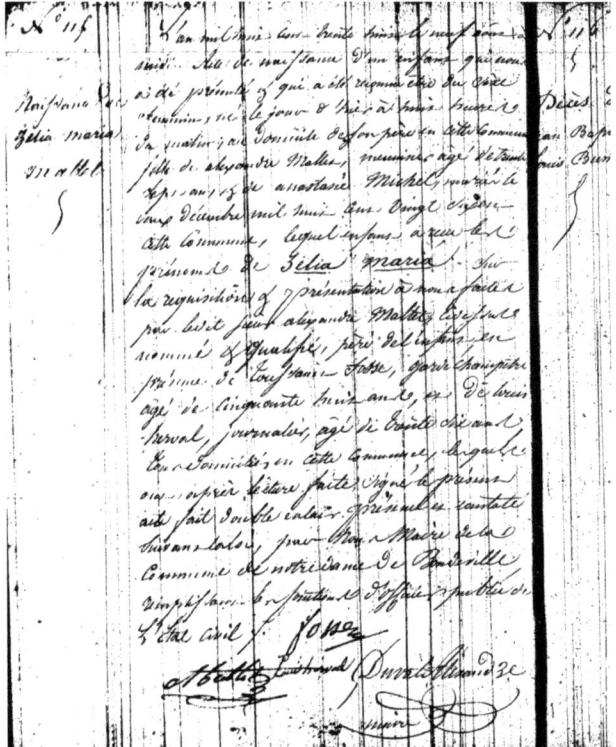

Archives départementales de Seine-Maritime 5 Mi 2481
Registre année 1838 – Acte n° 115

N° 115
Naissance de
Zélia Maria
  Mallet
L'an mil huit cent trente huit le neuf août à midi.
Acte de naissance d'un enfant qui nous a été présenté et qui a été reconnu être du sexe féminin, né le jour d'hier à huit heures

du matin ; au domicile de son père en cette commune, fille de Alexandre Mallet, menuisier, âgé de trente sept ans et de Anastasie Michel, mariés le deux décembre mil huit cent vingt six en cette commune, lequel enfant a reçu le prénom de <u>Zélia Maria</u>. Sur la réquisition et présentation à nous faite par ledit sieur Alexandre Mallet, ledit sus nommé et qualifié, père de l'enfant, en présence de Toussaint Fosse, garde champêtre âgé de cinquante-huit ans, et de Louis Herval, journalier, âgé de trente-six ans, tous domiciliés en cette commune, lesquels ont, après lecture faite, signé le présent acte fait double en leur présence et constaté suivant la loi, par nous Maire de la Commune de Notre Dame de Bondeville remplissant la fonction d'officier public de l'état civil.

Fosse Mallet Louis Herval Duval Alexandre
ma

Acte de baptême de Zelia Mallet

*Bapt^e de
Marie Elie
Mallet*

Aujourd'hui Dimanche 19 Août, mil huit cent trente huit a été Baptisée Marie hélie née le huit du légitime mariage de Alexandre Mallet et de Anastasie Michel. Le parrain a été Victor Dabout et la Marraine Anastasie Mallet qui ont signé avec nous

Madame Mallet et sa famille

Almanach du Commerce du Havre (AM H)

Il n'y en a pas d'autres que celui de 1865[1], déjà en notre possession et où apparaît madame Mallet en tant que repasseuse au 28 de la rue Louis-Philippe.

Archives du Greffe du Tribunal de Commerce du Havre (AD 76)

Ceci afin de trouver l'enregistrement éventuel de madame Mallet en tant que repasseuse, ce qui nous aurait permis de découvrir des renseignements sur son état civil. Mais en France il n'existe pas de registre analytique ou chronologique avant 1920.

Recensement de 1861 du Havre (AD 76)

Au début de nos recherches, en consultant le recensement de la population de 1861, au Havre, et en particulier rue Louis-Philippe, nous avons découvert la présence, au n°35, de « Augustine Michel, épouse Mallet, lingère, 52 ans[2] ».

C'est donc pratiquement en face du n°28 où travaille la mère de Zelia, et il n'y a en effet aucun commerce au n° 35 dans l'Almanach du Commerce de 1865. Cette disposition est d'ailleurs toujours la même de nos jours.

Cette femme devait donc être née en 1808 ou 1809, ce qui pouvait correspondre avec la mère de Zelia qui écrit « être sur l'âge » en 1864, laissant à penser qu'il sera sans doute bientôt temps, pour elle, de cesser son activité. Nous avons donc cherché parmi les registres de naissances, mariages et décès. (AM Boudeville et Le Havre avec ses annexes). Aucune trace de cette personne n'a pu être retrouvée.

Cependant, son métier est similaire, d'autant plus que, dans la famille Reboul-Berlioz, la grand-mère de Clémentine a

---

[1] Voir p. 83-84
[2] AD 76, cote 6 M 153

toujours été désignée sous le terme général de « blanchisseuse », terme repris par David Cairns[1].

Registres des Mariages (AD 76)

Puisque Zelia était née à Notre-Dame-de-Bondeville, nous avions enfin l'identité de ses parents et nous avons logiquement estimé que ces derniers s'étaient sans doute mariés dans ce village... ce qui se passa le 2 décembre 1826.

Alexandre Mallet et Anastasie Michel se marièrent à la mairie puis à l'église. Il est « menuisier » et elle, « repasseuse en linge ».

La mère de Zelia s'appelle Marie Catherine Anastasie Michel et elle est née à Anceaumeville (canton de Clères), le 9 avril 1807.

Elle est fille de Pierre Nicolas Jacques Michel, « charpentier », et de Marie Rose Berniere[2], mariés le 2 ventôse an 3 (soit le 20 février 1795), à Anceaumeville[3]. Au fil des actes que nous avons lus, soit là où apparaît sa signature, soit là où elle est citée, on constate que son prénom usuel est Anastasie.

Quant au père de Zelia, il est né à Harcanville (à cette époque arrondissement communal d'Yvetot, maintenant canton de Doudeville), le 8 floréal an 9 (soit le 29 avril 1801) et se prénomme Alexandre.

Tout d'abord « menuisier », lorsqu'il est au Havre il est devenu « maître menuisier » et possède donc son propre atelier.

---

[1] CAIRNS, 2002, vol. II, p. 611
[2] Anceaumeville, Registre des naissances, an née 1807, acte n° 6 – 5 Mi 16 R9
[3] Site AD 76, Registre des mariages d'Anceaumeville, an 3 – Cote 4E 01427 – Vue 34

Il est fils de Laurent Mallet, « fabricant [1] » et de Marie Anne Guillotin[2], mariés le 21 thermidor an 5 (soit le 8 août 1797), à Rouen[3].

Laurent Mallet devait jouir d'une certaine aisance financière car il est toujours déclaré « rentier » sur les actes d'état civil où il figure comme témoin. Son acte de décès porte d'ailleurs la mention « vivant de ses rentes ».

Registres des Baptêmes (AD 76)

Sur les registres de la paroisse d'Anceaumeville, il est bien fait mention du baptême de Marie Catherine Anastasie Michel, le 19 avril 1807[4], la petite fille étant déclarée être née « avant hier » !

Il n'y a évidemment pas d'acte de baptême pour Alexandre Mallet puisque nous sommes encore dans la période révolutionnaire.

Registres des Naissances (AD 76)

Constatant que Zelia est née à Bondeville douze ans après le mariage de ses parents, nous avons cherché si ces derniers n'avaient pas eu d'autres enfants. Nous avons ainsi appris que Zelia avait deux frères et une sœur, ce qui fait déjà une famille de quatre enfants :

---

[1] Site gallica.bnf.fr - « Fabricant. s.m. quelque- uns écrivent, Fabriquant.) Celui qui fabrique ou fait fabriquer. […] Il se dit particulièrement d'Un fabricant d'étoffes ; et de Celui qui tient une filature de coton, de laine, etc. […] », in *Dictionnaire de l'Académie française, 6 ème édition, 1835, tome I, p. 716, vue 718*. La Normandie, et en particulier les régions d'Elbeuf et Rouen, était réputée pour ses fabriques de drap.
[2] Harcanville, Registre des naissances, an IX – 5 Mi 1577
[3] Site AD 76, Registre des mariages de Rouen, an 5 – Cote 4E 02283 – Vue 88
[4] Anceaumeville, année 1807, baptême de Marie Catherine Anastasie Michel – 2 J 406/2

- Alexandre Romain, né le 9 août 1828
- Aglaé Emelie, née le 18 juillet 1832
- Zelia Maria, née le 8 août 1838
- Emile Alexandre, né le 10 avril 1842[1]

Puis plus tard, en cherchant dans les tables décennales de Rouen, nous découvrirons qu'il y avait encore une sœur aînée, née au Houlme, le 27 avril 1827, nommée Anastasie Elisa[2].

Registres des Décès (AD 76)

Nous savions que madame Mallet était vivante en avril 1864, ainsi que son mari, grâce à la lettre qu'elle écrit à Louis Berlioz[3].

Nous avons tout d'abord consulté tous les actes de décès de Notre-Dame-de-Bondeville jusqu'en 1902, car il se pouvait que la famille soit revenue dans son village d'origine, mais nous n'y avons trouvé que les décès des deux premiers enfants Mallet :

- Alexandre Romain, le 7 septembre 1828, âgé de 1 mois
- Aglaé Emelie, le 22 mai 1833, âgée de 13 mois

Ensuite, nous avons fait de même dans les communes où étaient nés les parents Mallet, c'est à dire Anceaumeville[4] et Harcanville[5]. Nous avons aussi cherché au Houlme[6], où demeurait le père de Zelia avant son mariage. Tout ceci en vain.

Enfin, nous avons entrepris d'examiner les registres du Havre à partir de 1864 et là, nous avons découvert très vite le

---

[1] Notre-Dame-de-Bondeville, Registre des naissances des années concernées – 5 Mi 2480, pour les deux aînés et 5 Mi 2481 pour les deux autres – Voir tableau « Famille de Zelia », p. 96
[2] Voir p. 77
[3] Voir lettre p. 43-46
[4] Registres des décès, 5 Mi 2032 et 2033
[5] Registres des décès, 5 Mi 1578 et 1579
[6] Registres des décès, 5 Mi 2469

nom de madame Mallet, car elle y est décédée le 11 janvier 1865, âgée de 57 ans, « en son domicile du 28 rue Louis-Philippe [1] », soit seulement huit mois après avoir écrit à Louis Berlioz. Or nous avons vu précédemment que le n°28 correspond à l'adresse de son commerce. Cela nous a incités à réétudier le recensement de 1861 du Havre où figurait une « Augustine Michel, épouse Mallet » dont nous avons déjà parlé[2].

A notre grand étonnement, en lisant les noms des autres membres de la famille qui sont inscrits sur ce document, nous nous sommes aperçu que notre pressentiment s'était avéré exact et que cette « Augustine » n'était autre que notre« Anastasie ». Ce qui nous permet de l'affirmer c'est qu'il est indiqué qu'elle vit avec son mari, Alexandre Mallet, menuisier et le dernier de leurs enfants, Émile, âgé de 19 ans, ce qui est bien son âge, renseignements qui nous manquaient à l'époque de notre première lecture.

Zelia avait donc bien un frère qui pouvait être le fameux beau-frère « volant les dernières ressources » selon les dires de Louis Berlioz dans la lettre qu'il adresse à son père en novembre 1861[3].

Encore une fois, nous sommes à même de noter que l'on pouvait jadis changer son état civil sans aucun problème... Et nous n'étions pas au bout de nos surprises, car en lisant l'acte d'inhumation qui eut lieu dès le lendemain, le 12 janvier, au cimetière Sainte Marie[4], dépendant de la paroisse Saint-Vincent-de-Paul où elle demeurait, nous découvrons qu'elle y est prénommée « Constance » !

---

[1] Registre des décès, 5 Mi 16 R9, acte n°66 – Acte reproduit p. 80
[2] Voir p. 85
[3] Voir p. 6-9
[4] Le Havre, Paroisse Saint-Vincent-de-Paul, Registre des inhumations, acte n° 3 – 1 J 376/2

Par contre, il faut avouer que nous avons pu trouver cet acte religieux assez facilement car les recensements de cette époque sont classés par rues et indiquent aussi le nom du quartier ainsi que celui de la paroisse auxquelles elles appartiennent.

Après avoir trouvé l'acte de décès de madame Mallet, nous avons continué d'explorer tous les registres du Havre jusqu'en 1902, mais malheureusement, le décès d'aucun Mallet portant l'un des prénoms que nous connaissons n'est enregistré.

Puisque ni dans les villages où ils ont habité, ni au Havre, nous ne trouvons trace d'un décès, que sont donc devenus les membres de la famille après janvier 1865 ? Nous avons pensé, bien sûr, au recensement suivant, en 1866, mais aucune personne portant le nom Mallet ne figure ni au n°35, ni au n°28 de la rue Louis-Philippe.

En 1842 la famille Mallet était encore à Notre-Dame-de-Bondeville comme l'atteste l'acte de naissance du dernier enfant.

En 1853, au moment du mariage de la fille aînée, elle demeure à Rouen, rue du Troncher.

Nous avons tenté l'étude des recensements établis au Havre en 1856. Mais, comble de malchance, les quartiers « nord » où se trouve la rue Louis-Philippe n'ont pas été recensés cette année-là.

D'autre part, la fatalité nous poursuivant, toutes les archives du Bureau de l'Enregistrement du Havre ont été détruites pendant la seconde guerre mondiale. Sinon, nous aurions pu consulter les *Tables des Successions et Absences* et ainsi trouver un acte notarié concernant la succession d'Anastasie Mallet, ou un inventaire après décès. Un tel document nous aurait indiqué les noms des héritiers, mais surtout leur lieu d'habitation à l'époque pour le cas où ils auraient hébergé Zelia, son père et Clémentine.

En effet, en 1865, Alexandre Mallet est alors âgé de 64 ans, Zelia est sans travail et Clémentine n'a pas encore 4 ans…

Tables des Naissances, Mariages et Décès – Bondeville et Le Havre – (AD 76)

Nous avons donc entrepris de chercher un éventuel mariage de Zelia et de son frère Emile, tout d'abord à Notre-Dame-de-Bondeville[1], car souvent des enfants reviennent se marier dans leur village natal, ce qui n'a rien donné.

Puis nous avons fait des recherches au Havre et dans toutes les communes limitrophes[2] jusqu'en 1891 pour trouver peut-être aussi une trace de Clémentine.

Si nous n'avons rien trouvé ni pour Zelia, ni pour sa fille nous avons découvert le mariage de son frère :

Emile Alexandre Mallet et Clémence Anastasie Chandelier se sont mariés le 2 février 1864, au Havre[3].

Il est bien indiqué qu'il est né le 6 avril 1842, à Notre-Dame-de-Bondeville et demeure au Havre, 28, rue Louis-Philippe, tout comme ses parents. Il est ouvrier menuisier. Son père, Alexandre Mallet, est maître menuisier, et sa mère, Anastasie Michel, repasseuse.

Quant à sa femme, elle demeure également au Havre, avec ses parents, 8 rue Piedfort (rue près de la rue Louis-Philippe) et est repasseuse. Elle est née le 16 février 1845, à Caudebec. Son père, Amédée Clovis Chandelier[4], est cordonnier, et sa mère, Justine Anastasie Lemaître, est ménagère.

Malgré une recherche approfondie sur les registres de baptêmes du Havre et de toutes les communes limitrophes ainsi que de toutes celles mentionnées dans les divers actes d'état

---

[1] Site AD 76
[2] id.
[3] acte n° 71 – AD 76 (site Internet)
[4] Son nom figure sur l'acte de décès de madame Mallet l'année suivante. Il est témoin au côté du mari de celle-ci lors de la déclaration en mairie.

civil de toute la famille, de 1864 à 1891[1], il apparaît que le couple n'a pas eu d'enfant.

En recherchant dans les actes de décès aux mêmes endroits nous avons trouvé le décès de Clémence Anastasie Chandelier, Vve Mallet à Graville-Sainte-Honorine[2], le 18 mars 1884 et transcrit au Havre le 30 juin suivant.

Grâce à ces deux actes nous savons qu'elle réside au Havre, 25, rue Royale et qu'en fait, elle est née, non pas à Caudebec, comme indiqué sur son acte de mariage, mais à Villequiers (ce que nous avons pu vérifier). Elle a 39 ans et est toujours repasseuse. Son décès est déclaré par ses deux frères, l'un demeurant à Sanvic et l'autre à Graville-Sainte-Honorine (communes de Seine-Inférieure).

Quant à son mari, il est écrit qu'il est décédé à Paris (sans indication d'arrondissement) en 1878.

Il était ensuite relativement aisé de trouver le décès du mari en examinant les listes arrondissement après arrondissement... Émile Alexandre Mallet est décédé le 20 décembre 1878, en son domicile situé 71, rue Jeanne d'Arc, dans le 13e arrondissement de Paris[3]. Il a 36 ans, est né à Bondeville, fils d'Alexandre Mallet et Anastasie Michel. Il est menuisier et est ... célibataire, donc vit seul à Paris.

Il ne figure d'ailleurs pas parmi les témoins du mariage du frère de sa femme, le 13 mai 1878, au Havre[4].

Tables des Naissances, Mariages et Décès – Rouen – (AD 76)

Après avoir épuisé les ressources des archives du Havre, nous nous sommes tournés vers celles de Rouen grâce au site des AD 76.

---

[1] Site AD 76
[2] Canton est – arrondissement du Havre – AD 76 (site Internet)
[3] acte n° 2421 – Archives de Paris (site Internet)
[4] acte n° 299 – AD 76 (site Internet)

Grâce aux tables décennales des naissances nous avons cherché tous les enfants nés sous le nom de Mallet pour le cas où Zelia aurait eu d'autres enfants dans cette ville. Nous ne découvrons rien.

Par contre, nous trouvons deux jumelles, nées le 21 juillet 1864 :

- Julie Louise Mallet,
- Marie Armandine Marguerite Mallet,

filles naturelles d'Anastasie Elisa Mallet, repasseuse, née au Houlme, le 27 avril 1827, « Vve du sieur Benjamin Bachelet, décédé à Elbeuf le 17 juin 1854[1] ». Or Alexandre Mallet travaillait au Houlme lors de son mariage en 1826.

Il s'agit bien de la fille aînée de la famille Mallet et l'on comprend mieux que madame Mallet écrive à Louis Berlioz en avril 1864, quelques mois avant que celle-ci n'accouche, pour lui demander ses intentions en ce qui concerne Clémentine.

Anastasie Elisa Mallet s'est mariée à Elbeuf, où elle est blanchisseuse, le 7 novembre 1853, avec Benjamin Bachelet, ouvrier serrurier. Il est le fils de Michel Bachelet, tisserand à Louviers (Eure), et de Marie Magdeleine Genetais. Né à Louviers le 4 mars 1807, il est veuf de Julie Joséphine Paris. Anastasie Elisa Mallet et Benjamin Bachelet n'auront pas d'enfants et il décédera à Elbeuf le 17 juin 1854.

Quant à Anastasie Elisa Mallet, elle décède à Rouen, chez elle, 6, rue de la Savonnerie, le 22 février 1875. Ses deux filles ont donc onze ans (Clémentine, à cette date, en a quatorze) et il n'y a aucun acte de mariage, de décès ou de naissance d'enfant naturel les concernant.

Nous avons aussi trouvé à Rouen l'acte de décès d'Alexandre Mallet, le père de Zelia, le 21 décembre 1868, dans les registres de l'Hôtel-Dieu de la paroisse Sainte Madeleine[2]. Il

---

[1] Site AD 76 – Registre 3E 00999, vue 42
[2] Site AD 76 – Rouen, Hôtel-Dieu de la paroisse Sainte Madeleine – Registres des décès de 1868 – Cote 3E 00999 – Vue 100

demeurait 1, rue de Sotteville, pas très loin de sa fille Anastasie Elisa.

Connaissant ainsi les adresses des défunts nous avons décidé d'étudier les recensements de la ville de Rouen de 1866 et 1872 pour savoir si Clémentine vivait avec l'un ou l'autre. Les registres de ces années manquent aux Archives départementales et les archives de la ville de Rouen ont été détruites lors d'un incendie en 1926… La malchance nous poursuit encore une fois.

Registres des enfants assistés (AD 76)

Clémentine et ses cousines étant devenues orphelines auraient pu faire l'objet d'une demande de mise sous tutelle. Nous avions constaté qu'il n'y avait pas trace de Clémentine[1] dans les archives conservées à Rouen, mais il n'y rien non plus concernant ses deux cousines.

On peut alors supposer qu'elles ont toutes les trois été recueillies par un membre de la famille Mallet ou plus certainement Michel, la mère de Zelia étant la dernière d'une famille de cinq enfants qui se sont tous mariés et ont eu de nombreux enfants et petits-enfants.

Tables des Successions et Absences (AD 76 et Paris)

Connaissant la date et le lieu du décès d'Alexandre Mallet, nous pouvions demander s'il y avait eu un acte de succession. Mais il n'y a eu aucun acte enregistré à Rouen.

Nous avons fait de même en ce qui concerne Zelia et Émile Mallet à Paris, mais sans plus de résultat.

---

[1] Voir p.56

Acte de décès de Madame Mallet

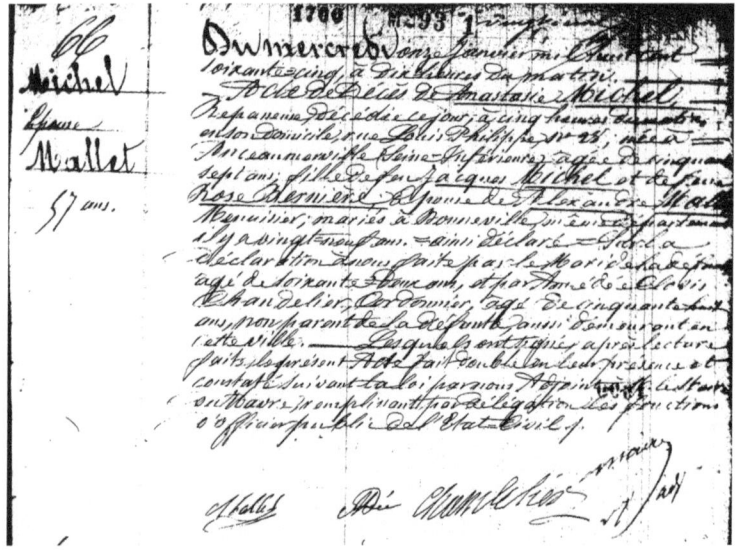

Michel
Epouse
Mallet
57 ans

Du mercredi onze janvier mil huit cent soixante-cinq, à 10 heures du matin.

Acte de décès de Anastasie Michel repasseuse, décédée ce jour ; à cinq heures du matin en son domicile, rue Louis Philippe, n° 28 ; née à Anceaumeville (Seine Inférieure), âgée de cinquante sept ans ; fille de feu Jacques Michel et de feue Rose Bernière ; Épouse de Alexandre Mallet Menuisier ; mariés à Bonneville, même département il y a vingt-neuf ans = ainsi déclaré = Sur la déclaration à nous faite par le mari de la défunte âgé de soixante-deux ans, et par Amédée Clovis Chandelier, cordonnier, âgé de cinquante-huit ans, non parent *de la défunte, aussi demeurant en cette ville. Lesquels ont signé, après la lecture faits, le présent Acte fait double en leur présence et constaté suivant la loi par nous Adjoint à l'État civil au Havre, remplissant par délégation les fonctions d'officier public de l'Etat-Civil*

Mallet xx Chandelier xx maire adjoint

Archives départementales de Seine Maritime
Registre 5 Mi 16 R9 – acte n° 66

Acte de décès de Zelia Mallet

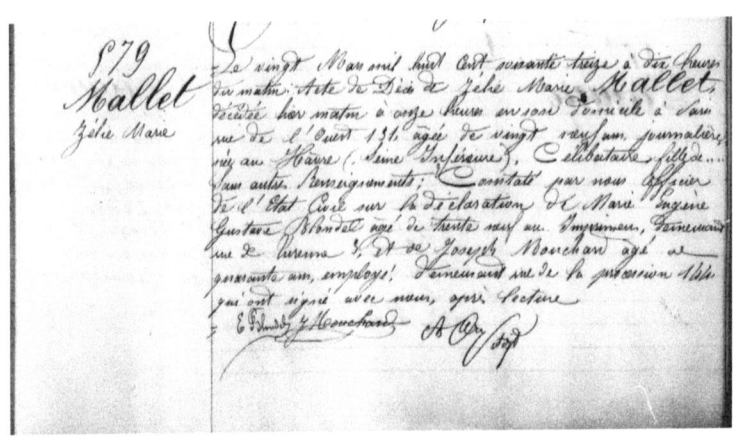

Archives de Paris V4E 4385
Registre des décès de 1873 du 14° arrondissement

579
Mallet
Zélie Marie

Le vingt Mars mil huit cent soixante treize à dix heures du matin. Acte de décès de Zélie Marie Mallet décédée hier matin à onze heures en son domicile à Paris rue de l'Ouest 131, âgée de vingt neuf ans, journalière, née au Havre (Seine Inférieure), Célibataire, fille de ... sans autres Renseignements ; Constaté par nous officier de l'Etat Civil sur la déclaration de Marie Eugène Gustave Blondel âgé de trente neuf ans, Imprimeur, demeurant rue de Turenne 3, et de Joseph Mouchard âgé de quarante ans, employé, demeurant rue de la procession 144, qui ont signé avec nous, après lecture

E Blondel J Mouchard   xx
Adjoint

Almanach du commerce du Havre de 1865

L'Éditeur prie les personnes entre les mains desquelles tombera l'ALMANACH DU COMMERCE DU HAVRE de le favoriser de leurs communications officieuses, et de l'envoi de leurs Circulaires, Avis, etc.

HEURES DE LA PLEINE MER et HAUTEUR DE L'EAU

Page 6 et suivantes, on trouvera l'HEURE DE LA PLEINE MER et la HAUTEUR DE L'EAU aux *Écluses de la Barre*, *Notre-Dame*, *Lamblardie*, *Vauban* et *Citadelle*, le Matin et le Soir pour tous les jours de l'année.

ALPH. LEMALE, LIBRAIRE-ÉDITEUR.

STATISTIQUE ANNUELLE DE L'INDUSTRIE

ALMANACH
DU
COMMERCE
DU
HAVRE

USAGES DE LA PLACE

Police du Port — Heures de la Pleine et Basse Mer du Matin et du Soir
Hauteur de l'Eau dans le Port pour chaque jour de l'Année
État de la Rade et du Port du Havre en 1865
Lois — Ordonnances — Arrêtés — Règlements divers
Tarif des Frais, Droits de Navigation
Comptes de Revient — Cotons — Farines — Blés — Potasses
Tableaux des Monnaies des Poids et Mesures des Principaux États du Monde
Calcul des Intérêts
Poste — Chemins de Fer — Télégraphe Électrique
Personnel des Administrations — Adresses
etc., etc., etc.

41ᵉ ANNÉE DE PUBLICATION.

HAVRE
Imp. du Commerce **Alph. LEMALE**, Quai d'Orléans, 9.

1865

Archives municipales du Havre

Recensement de 1861
Le Havre (Rue Louis-Philippe)

Archives départementales de Seine Maritime
2 Mi 1038

Louis Berlioz

Nous ne pouvions faire l'impasse sur l'étude des actes d'état civil du père de Clémentine après avoir passé en revue toute la famille de Zelia, la mère. Cela nous a même donné l'occasion de rectifier quelques détails.

Registres des Naissances[1] (Archives de la ville de Paris)
L'acte de naissance de Louis, rédigé à Montmartre, alors commune indépendante de Paris[2], nous permet de remarquer que les actes d'état civil n'étaient pas plus rigoureux à Paris qu'en province. En effet, sur cet acte, Berlioz se « vieillit » d'un an et demi et il « rajeunit » sa femme d'un an, ce qu'Adolphe Boschot[3] et Peter Bloom[4] avaient déjà constaté.

Registres des Baptêmes[5] (Archives de la paroisse Saint Pierre de Montmartre)
Nous voulions savoir d'où venait le prénom « Clément » inscrit sur l'acte de baptême de Clémentine, la plupart des ouvrages sur Berlioz ne donnant que « Louis Thomas » comme prénoms pour son fils[6]. Quant à Berlioz il écrit à sa sœur Adèle lui avoir donné le prénom de « Louis tout simplement[7] ».
A la lecture de l'acte établi dans cette paroisse, nous constatons tout d'abord que le baptême n'a eu lieu,

---

[1] Acte reproduit p. 89
[2] La commune de Montmartre sera rattachée à la ville de Paris en 1860.
[3] BOSCHOT, 1946/1950, vol. II, p. 145
[4] BLOOM, 1998, p. 172
[5] Acte reproduit p. 91
[6] Les trois prénoms sont seulement mentionnés dans le *Cahier Berlioz n°2*, p. 8, dans la présentation du livre écrite par Peter BLOOM et Hervé ROBERT, ainsi que dans le *Dictionnaire Berlioz*, p. 517 (article signé par Peter BLOOM)
[7] CG II, p. 199

contrairement aux usages de l'époque, que l'année suivant la naissance, le dimanche 23 août 1835, et non en septembre 1834, comme il est écrit dans tous les ouvrages concernant Berlioz.

Puis, toujours grâce à cet acte, nous apprenons ensuite que la marraine de Louis n'est pas Adèle, sœur de Berlioz, mais la femme de Léon de Wailly, librettiste de *Benvenuto Cellini*, ce qui est d'ailleurs confirmé par une lettre de Berlioz lui-même[1] apparemment passée inaperçue. Madame de Wailly se prénommant Clémence, cela explique le deuxième prénom de Louis, « Clément », et de là, celui de « Clémentine » pour sa fille.

A ce choix s'ajoute, peut-être, le fait que le premier bateau sur lequel Louis ait embarqué comme matelot lorsqu'il suivait ses cours au Havre en 1852 et 1853 se nommait *Clémentine*, hypothèse avancée jusqu'à nos jours[2].

D'autre part, il faut savoir que ce prénom était à la mode au cours du 19ème siècle.

Quant à son troisième prénom, « Thomas », il le doit évidemment à son parrain, Thomas Gounet, ami de très longue date de Berlioz, puisqu'ils se connaissent depuis 1826. Il est employé au ministère de l'Instruction publique, à Paris.

La lecture de la *Correspondance Générale* nous donne la plupart des informations sur la vie du fils de Berlioz.

Louis est donc né en 1834, un an après le mariage de son père avec l'actrice de théâtre irlandaise Harriet Smithson.

---

[1] CG VIII, p. 100-101. Cette lettre porte la date du [13 septembre 1834], donc incertaine. Dans la note de bas de page, il est écrit que « le baptême aurait eu lieu le dimanche 21 septembre et aurait été annoncé à Adèle le 23 (voir t. II, p. 199) ». Vérification faite, la lettre à Adèle est effectivement datée du 23 septembre [1834]. Donc, grâce à cet acte de baptême de Louis on peut maintenant affirmer que ces deux lettres datent en réalité de 1835.
[2] CG VII, p. 59
CAIRNS, 2002, vol. II, p. 611 et in *Dictionnaire Berlioz*, p. 72

Alors qu'il est encore jeune ses parents se séparent, sa mère devient dépressive puis gravement malade et ne peut plus s'occuper de lui, aussi il est mis en pension à l'âge de 9 ans.

Au début de l'année 1845 il entre en sixième et devient interne au Collège royal de Rouen.

Peu attiré par les études classiques, il souhaite dès 14 ans devenir marin. En 1850 il embarque pour la première fois et c'est pour passer ses examens qu'il se rend au Havre dans les années 1852/1853 puis ensuite en 1860, date à laquelle il rencontre Zelia[1].

C'est un garçon sensible, apparemment doué pour le dessin, aux humeurs quelquefois fantasques.

Les rapports entre le fils et le père sont souvent assez houleux, Louis se plaignant fréquemment du peu d'intérêt que son père semble lui témoigner. La fin de la lettre grâce à laquelle nous avons pu découvrir où était née Clémentine est éloquente à ce sujet[2] mais aussi très émouvante.

Cependant, même s'il ne le montre pas, Berlioz est très attaché à son fils depuis qu'il est tout petit, malgré les remontrances au sujet de son manque de travail à l'école ou ses dépenses exorbitantes.

Tout au long de la période que nous avons étudiée nous avons plusieurs fois constaté qu'il mettait tout en œuvre pour aider son fils à trouver un travail. Les courriers échangés les dernières années confirment d'ailleurs une grande compréhension ainsi qu'une admiration mutuelle.

Le décès de Louis de façon prématurée en juin 1867 affecte énormément son père qui ne lui survivra même pas deux ans[3].

---

[1] Voir p. 3-4
[2] Voir p. 6-9
[3] Louis Berlioz est décédé de la fièvre jaune à La Havane (Cuba) où se trouvait le navire qu'il commandait, *la Sonora*, le 5 juin 1867. Quant à son père, Hector Berlioz, il décédera le 8 mars 1869, en son domicile parisien.

Acte de naissance de Louis Berlioz

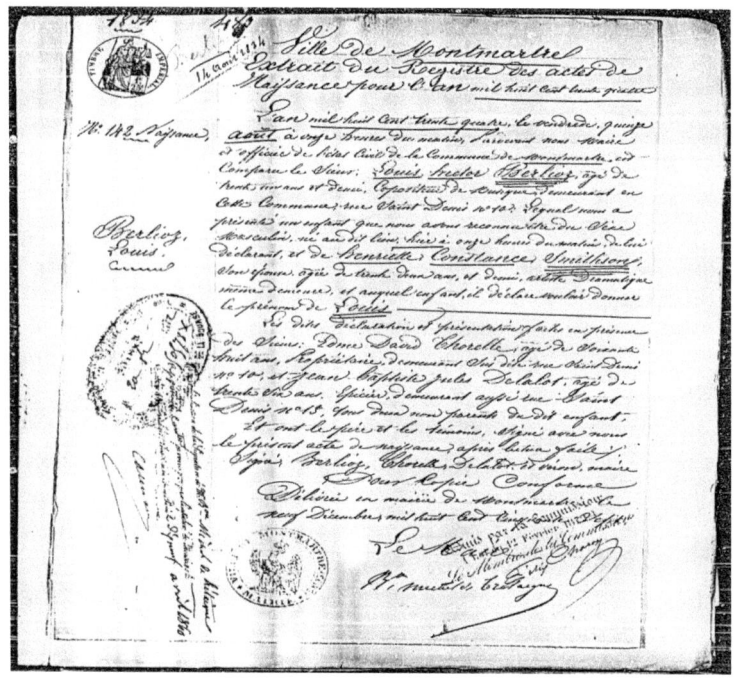

    1834   480
    14 août 1834
     Ville de <u>Montmartre</u>
Extrait du Registre des actes de Naissance pour l'an <u>mil huit cent trente quatre</u>

N° 142
Naissance

Berlioz
Louis

L'an <u>mil huit cent trente quatre</u>, le vendredi quinze <u>août</u> à onze heures du matin, pardevant nous Maire officier de l'état civil de la commune de <u>Montmartre</u>, est comparu le sieur : <u>Louis hector Berlioz</u>, âgé de trente un ans et demi, Co(m)positeur de Musique demeurant en cette commune, rue saint Denis n° 10 ; Lequel nous a présenté un enfant que nous avons reconnu être du sexe masculin, né au dit lieu <u>hier</u> à onze heure du matin, de lui déclarant, et de <u>henriette Constance Smithson :</u> son épouse, âgée de trente deux ans et demi, artiste Dramatique, même demeure, et auquel enfant, il déclare vouloir donner le prénom de Louis

----

Les dites déclaration et présentation faites en présence des sieurs : Edme David Thorelle, âgé de soixante huit ans, Propriétaire, demeurant susdite rue saint Denis n° 10, et Jean baptiste Jules Delalot, âgé de trente six ans, Epicier, demeurant aussi rue saint Denis n° 15, tous deux non parents du dit enfant.

Et ont le père et les témoins, signé avec nous le présent acte de naissance après lecture faite ·/.

Signé Berlioz, Thorelle, Delalot et vérond, maire
            Pour Copie Conforme
Délivrée en mairie de Montmartre le neuf décembre mil huit cent cinquante sept

      Signé :   Bon Michel de Trétaigue

Archives de Paris
Cote 5 Mi 2

Acte de baptême de Louis Berlioz

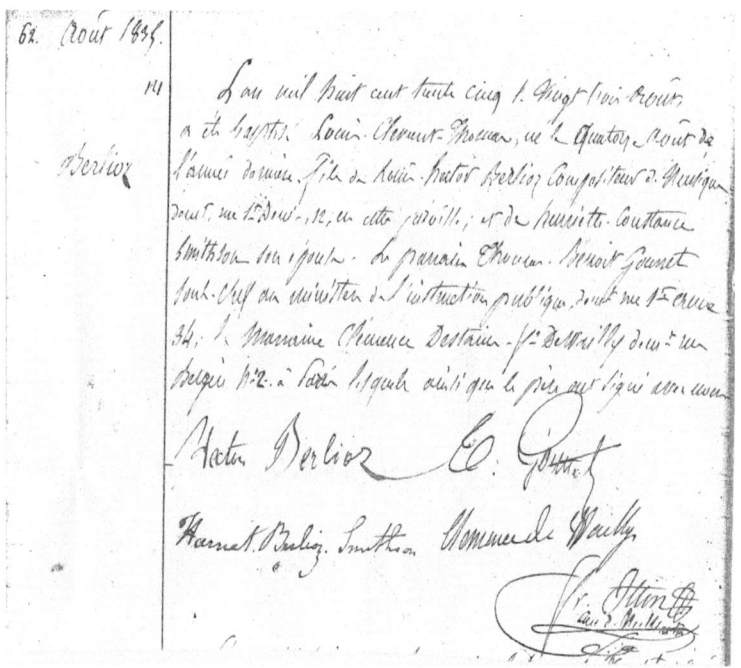

62   août 1835
121
Berlioz

    L'an mil huit cent trente cinq le vingt trois août, a été baptisé Louis Clément Thomas, né le quatorze août de l'année dernière, fils de Louis hector Berlioz Compositeur de Musique dem^t rue St Denis, 12, en cette paroisse ; et de henriette Constance Smithson son épouse. Le parrain Thomas Benoit Gounet sous-chef au ministère de l'instruction publique, dem^t rue S^{te} anne 84 ; la marraine Clémence Destains - F^{me} DeWailly dem^t rue Bergère n°2 à Paris lesquels ainsi que le père ont signé avec nous.

Hector Berlioz   T. Gounet   Harriet Berlioz Smithson
Clémence de Wailly   illisible

Archives de la paroisse de Saint Pierre de Montmartre

chapitre III
Les familles

Tableau généalogique de Clémentine Mallet

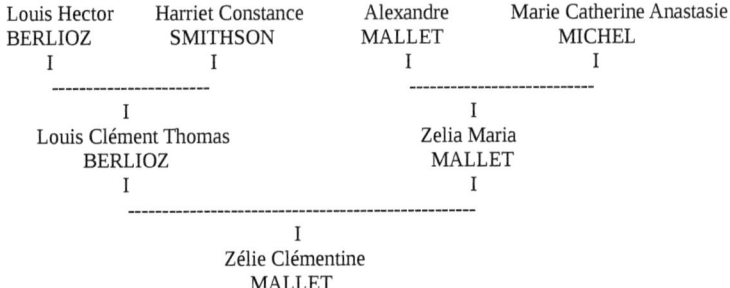

Louis Hector BERLIOZ
°11/12/1803 La Côte Saint-André (Isère)
†8/03/1869 Montmartre (Seine)

Harriet Constance SMITHSON
°18/03/1800 Ennis (Irlande)
†4/03/1854 Montmartre (Seine)

Louis Clément BERLIOZ
°15/08/1834 Montmartre (Seine)
†5/06/1867 La Havane (Cuba)

Alexandre MALLET
°29/04/1801 Harcanville (Seine Inférieure)
†21/12/1868 Rouen (Seine Inférieure)

Marie Catherine Anastasie MICHEL
°9/04/1807 Anceaumeville (Seine Inférieure)
†11/01/1865 Le Havre (Seine Inférieure)

Zelia Maria MALLET
°8/08/1838 ND de Bondeville (Seine Inférieure)
†19/03/1873 Paris 14ᵉ (Seine)

Zélie Clémentine MALLET
°30/03/1861 Marseille (Bouches du Rhône)
†194… ???

Tableau de correspondance entre les générations des deux familles

MALLET	BERLIOZ		
Laurent MALLET époux Marie Anne GUILLOTIN 1765 – 1834 4 enfants dont ③	Docteur Louis BERLIOZ époux Joséphine MARMION 1776 – 1848 6 enfants dont ①, ② et ④		
③ Alexandre MALLET époux Anastasie MICHEL 1801 – 1868 5 enfants dont ④	①Hector BERLIOZ époux Harriet SMITHSON 1803 - 1869 1 enfant ①	②Nanci BERLIOZ épouse Camille PAL 1806 - 1850 1 enfant ①	④Adèle BERLIOZ épouse Marc SUAT 1814 - 1860 2 enfants ① et ②
④ Zelia Maria MALLET 1838 - 1873 1 enfant ①	① Louis BERLIOZ 1834-1867 1 enfant ①	① Mathilde PAL épouse Jules MASCLET 1833 – 1903 2 enfants ① et ②	① Joséphine SUAT épouse Auguste CHAPOT 1840 – 1919 2 enfants ① et ②
			② Nanci SUAT épouse Gilbert de COLONJON 1842-1880 sans enfant
① Zélie Clémentine MALLET 1861- entre 1940 et 1945		① Camille MASCLET époux Marie ROYER 1856 – 1918 sans enfant	① Henri CHAPOT célibataire 1870 – 1943 sans enfant
		② Marie MASCLET épouse Henri REBOUL 1860 – 1940 4 enfants	② Victor CHAPOT époux Charlotte ADAM 1873 – 1954 5 enfants

La famille de Zelia, mère de Clémentine Mallet

LAURENT - MARIE ANNE   PIERRE NICOLAS JACQUES - MARIE ROSE
MALLET   GUILLOTIN   MICHEL   BERNIERE
Fabricant   Fileuse   *Me Charpentier*
mariés 21 thermidor an 5 (= 8 août 1797)   mariés 2 ventôse an 3 (= 20 février 1795)
Rouen (Seine Inférieure)   Notre-Dame-de-Bondeville (Seine Inférieure)

⬇   ⬇

ALEXANDRE MALLET   MARIE CATHERINE ANASTASIE MICHEL
○ 8 floréal an 9 (=28 avril 1801)   ○ 17 avril 1807
Harcanville (Seine Inférieure)   Anceaumeville (Seine Inférieure)
Me Menuisier   *Repasseuse en linge*
† 21 décembre 1868   † 11 janvier 1865
Rouen (Seine Inférieure)   Le Havre (Seine Inférieure)

mariés 2 décembre 1826 à Notre-Dame-de-Bondeville (Seine Inférieure)

▶ ANASTASIE ELISA MALLET–
○ 27 avril 1827 (Le Houlme) – † 22 février 1875 (Rouen)
mariée 7 novembre 1853 (Elbeuf) BENJAMIN BACHELET, veuf de JULIE JOSÉPHINE PARIS
pas d'enfants – mais deux filles naturelles nées à Rouen, le 21 juillet 1864, neuf ans après le décès de son mari : JULIE LOUISE ET MARIE ARMANDINE MARGUERITE MALLET
  ▶ ALEXANDRE ROMAIN MALLET – ○ 9 août 1828 (N.D. Bondeville) –† 7 septembre 1828 (id.)
  ▶ AGLAÉE EMELIE MALLET – ○ 18 juillet 1832 (N.D. Bondeville) – † 22 mai 1833 (id.)
  ▶ ZELIA MARIA MALLET – ○ 8 août 1838 (N.D.Bondeville) – † 19 mars 1873 – Paris (14°)
  célibataire – mère de CLÉMENTINE MALLET, née le 30 mars 1861
  ▶ EMILE ALEXANDRE MALLET – ○ 10 avril 1842 (N.D.Bondeville) – † 20 décembre 1878 – Paris (13°)
marié 2 février 1864 (Le Havre) CLÉMENCE ANASTASIE CHANDELIER – pas d'enfants

chapitre IV

Hypothèses au sujet de Clémentine et de Zelia

Nous n'avons trouvé aucune trace de Clémentine entre avril 1864, date de la lettre de sa grand-mère maternelle et 1940, date à laquelle lui a été attribuée une carte d'alimentation.

Le décès inattendu, en janvier 1865, de madame Mallet a certainement dû avoir des répercussions matérielles sur la vie de Zelia et de Clémentine comme nous l'avons déjà évoqué et elles ont probablement quitté Le Havre à cette date.

Comme nous avons pu le constater Zelia n'avait pas de métier, puisqu'elle se déclare « rentière » lors de la naissance de Clémentine. Lorsqu'elle décède elle est simplement « journalière ».

Louis Berlioz déclare dans sa lettre, en novembre 1861, vouloir lui « faire rendre sa fortune », puis que « l'homme d'affaires ayant fait Banqueroute, le beau-frère volant les dernières ressources… », il semble qu'il y ait eu des difficultés financières importantes dans la famille Mallet.

D'autre part, nous savons maintenant que les parents de Zelia étaient d'origine modeste mais devaient cependant avoir les moyens de vivre honorablement. Les familles Mallet et Michel comportent beaucoup d'artisans à leur compte : charron, menuisier, charpentier, maréchal…

Le père, Alexandre Mallet, est « maître menuisier » et fils d'un « fabricant » qui vit de ses rentes. Le père et le fils signent aisément tous les actes dont ils sont témoins.

La mère, Anastasie Michel, est « repasseuse en linge », son père étant « maître charpentier ». Elle a certainement elle aussi fréquenté l'école comme en témoigne la calligraphie soignée de sa lettre. Cela semble être également le cas pour sa propre mère, Marie Rose Bernière, qui signe d'une très belle écriture lorsqu'elle épouse Jacques Michel en 1795.

Il se peut alors que Louis, de même que la famille Berlioz d'ailleurs, n'aient pas souhaité cette mésalliance par respect des convenances sociales, comme le suggère aussi Peter Bloom[1]. Nous ne pouvons oublier l'hostilité des parents de Berlioz au mariage de leur fils avec une actrice de théâtre qu'ils ne rencontreront d'ailleurs jamais, ni les critiques concernant le choix d'Adèle lorsqu'elle se marie à son tour[2]...

Mais il n'est pas impossible que Berlioz se soit manifesté en apportant une aide financière à la mère de l'enfant, par exemple sous la forme d'une dot.

Il est prouvé que Berlioz dispose, à ce moment, de revenus assez importants provenant notamment, outre la vente de sa propriété du Jacques, des gains obtenus grâce aux *Troyens*. A ce sujet n'écrit-il pas dans ses *Mémoires* :

> « [...] comme **les honoraires que je reçus**, pendant ces vingt et unes représentations, **étaient considérables**, étant l'auteur du poème et de la musique, et comme j'avais vendu la partition de piano à Paris et à Londres, je m'aperçus avec une joie inexprimable que le revenu de la somme totale égalerait à peu près le produit annuel de ma collaboration au Journal des Débats, et je donnai aussitôt ma démission de critique. [...][3]

Berlioz a des revenus provenant du Conservatoire et de l'Institut et il indique lui-même le montant de ses appointements au *Journal des Débats* :

> « *On m'y donne cent francs par feuilleton, à peu près quatorze cent francs par an*[4] »

---

[1] BLOOM, 1998, p. 172
[2] CG II, p. 551-555 – Lettre de Berlioz à son père - 11 mai 1839
[3] *Mémoires*, Postface, 2003, p. 576
[4] *Mémoires*, 2003, p. 280

Selon Jacques Barzun, on peut estimer à 50 000 francs le bénéfice des représentations et de la vente des droits d'édition des partitions[1].

Quant à Adolphe Boschot, dressant les comptes de Berlioz à la même époque, il évalue son revenu annuel entre 10.000 et 11.000 francs[2].

Si nous transposons cette somme en monnaie de notre époque, cela équivaut à une somme comprise environ entre 67.500 et 75.000 €, soit entre 5 625 et 6255 € par mois.

Par comparaison, un ouvrier, à la même époque, gagnait à peine 80 francs par mois[3], soit, de nos jours, environ 547 €.

D'autre part, nous connaissons la générosité discrète de Berlioz envers un des fils d'Estelle Fornier qui lui demanda, à plusieurs reprises, de lui avancer de l'argent pour payer ses dettes et à qui, entre janvier et août 1866, il donna 400 francs, ce qui équivaut à un peu plus de 2 700 €[4] actuels.

Louis Berlioz, de son côté, ne manque pas de ressources. Si lorsqu'il entre à la Compagnie générale Transatlantique il gagne 250 francs par mois[5] (soit 1715 €) en janvier 1864 il adresse à son père une lettre où il déclare :

> « [...] *On ne me paye que 300 fr. au lieu de 350, je vais débuter par faire un voyage dangereux et pénible, mais je crois tenir mon titre définitif ; au retour sans doute je serai deuxième capitaine reconnu. Dans cinq ans serai-je commandant ? [...] j'aurai un jour 18 000 fr. d'appointements, et je souffrirai ce que je souffre, je penserai aux bienheureux qui ont 3 000 fr. par an à*

---

[1] BARZUN, 1950, vol II, p. 242 (cité dans CG VI, p. 514 n)
[2] BOSCHOT, 1946/1950, vol. III, p. 379-380
[3] *Mémoires*, 2003, p. 280, n. 12
[4] CG VII, p. 373, 432
[5] Voir p. 34, 1er §

Paris. [...] » (Louis BERLIOZ à Hector BERLIOZ – 10 ou 17 janvier 1864[1])

Un an plus tard, il écrit :

« *[...] Je te serai obligé, cher père, de ne pas m'envoyer d'argent quand je ne t'en demande pas. [...]* (Louis BERLIOZ à Hector BERLIOZ – 2 janvier 1865[2])

« *[...] Non seulement je n'ai pas besoin d'argent mais j'en ai trop [...] je t'en enverrai dans un mois autant, avec prière de le placer comme tu le jugeras convenable. [...]* (Louis BERLIOZ à Hector BERLIOZ – 4 juillet 1865[3])

C'est donc qu'il gagne assez d'argent, mais certainement aussi qu'il a moins de charges s'il n'a plus besoin de subvenir aux besoins de Clémentine et de sa mère. En effet, à partir de ce début de l'année 1865, Louis ne parle plus jamais de femme ni de fille dans ses lettres.

Et, dans son testament olographe, il désigne uniquement son père comme légataire universel[4].

Or, c'est quelques jours après cette lettre, le 11 janvier, que décède la grand-mère de Clémentine et que l'on perd la trace de la famille Mallet. Or, bien avant d'avoir trouvé trace de ce

---

[1] CG VII, p. 22
[2] CG VII, p. 196
[3] CG VII, p. 277
[4] Quant à Berlioz, dans son testament également olographe, réalisé un an après la mort de son fils, il institue ses trois nièces (Mathilde Masclet, Joséphine et Nanci Suat) comme légataires universelles. Aucune mention d'une petite fille n'apparaît. On trouve le texte de ce testament dans le *Cahier Berlioz n°2*, p. 50-52

décès, nous avions eu le pressentiment qu'il s'était produit un événement dans la vie de la famille Mallet à cette période.

De plus, seul un départ du Havre expliquait que l'on ne retrouve absolument aucun document concernant les autres membres de la famille maternelle de Clémentine dans les registres d'état civil de la ville après 1865, hormis le décès de la belle-sœur de Zélia[1].

Cependant, si le décès de Zélie Marie Mallet survenu à Paris en 1873[2] correspond bien à celui de la mère de Clémentine, cette dernière n'avait alors que 12 ans et elle n'a fait l'objet d'aucune mise sous tutelle officielle, pas plus d'ailleurs que ses deux petites cousines germaines. Il semble donc tout à fait vraisemblable qu'elles soient allées vivre auprès de membres de leur famille comme cela se faisait souvent à cette époque et sans avoir besoin de réaliser une quelconque procédure.

Nos recherches reprises à Marseille nous prouvent donc que Clémentine est très certainement retournée dans sa ville natale.

Il nous a été impossible de définir la date de son retour mais nous savons néanmoins maintenant, grâce aux distributions des cartes d'alimentation durant la dernière guerre mondiale, qu'elle y a passé ses dernières années.

---

[1] Voir p. 76, § *Tables des Naissances, Mariages et Décès (AD 76)*
[2] Voir p. 65, § *Registre des décès avant et après 1903*

En guise d'épilogue...

Qu'est donc devenue Clémentine à partir de 1865 ? Nous ne saurons sans doute jamais quelle fut sa vie. Apparemment elle ne s'est pas mariée, n'a pas eu d'enfant[1], mais a pu entrer dans une congrégation religieuse[2].

Tout ce que nous pouvons affirmer c'est qu'elle était encore vivante à 79 ans puisqu'un jour de 1940 il lui fut délivré une carte d'alimentation comme à tous les français vivants à cette époque. Elle est donc décédée entre 1940 et 1945[3], mais la date exacte et le lieu restent inconnus.

Nous noterons que c'est au cours de l'année 1940 que décédera sa « cousine » Marie Masclet, née un an avant elle, en 1860, petite-fille de Nanci Berlioz, donc petite-nièce d'Hector Berlioz[4] mais aussi grand-mère de Catherine Reboul-Berlioz.

Nous nous étions pourtant pris à rêver devant les propos de Peter Bloom[5] qui, dans sa biographie de Berlioz, cite un curieux témoignage relevé dans la correspondance personnelle de Jacques Barzun[6].

Celui-ci raconte en effet, qu'en 1915, dans le cadre d'une juridiction militaire où siégeait son père, il se présenta un jeune homme ressemblant de façon étonnante à Berlioz et dont le nom, surtout, était suivi de la mention « dit Berlioz ».

---

[1] Nous sommes d'ailleurs confortés dans cette affirmation par le fait que de nombreuses personnes ayant entendu dire dans leur famille qu'elles étaient plus ou moins apparentées à la famille Berlioz se sont toujours adressées soit au musée Berlioz, soit à l'Association nationale Hector Berlioz pour avoir des renseignements généalogiques. Or, à notre connaissance aucune n'a jamais posé le problème d'une descendance de Clémentine.

[2] Dans ce cas elle aurait cependant conservé son état civil.

[3] Voir p. 48, loi du 29 mars 1945

[4] Voir tableau p. 94

[5] BLOOM, 1998, p. 173

[6] Jacques BARZUN est l'auteur de *Berlioz and the Romantic Century*, 1950, 2 vol.

Voici la traduction française de ce texte :

> « Vers le milieu de l'année 1915, lorsque mon père (un magistrat français) fut retiré des tranchées pour apporter son concours à la justice militaire, il lui fut présenté un jeune homme dont les traits le frappèrent tout particulièrement : il avait devant lui le portrait parfait du jeune Berlioz, avec ses cheveux aux reflets roux, son nez aquilin, ses yeux enfoncés, et qui répondait au nom de… *quelque chose* (j'ai oublié), *dit** Berlioz. L'usage de *dit** est officielle et très courante en ce qui concerne les noms d'emprunt et les pseudonymes, comme Poquelin *dit** Molière. Quand on l'interrogea, le jeune soldat déclara ne rien savoir sur son nom, ou ne voulut rien avouer. L'intrigue demeurait entière. »

(* en français dans le texte)

Au vu de nos recherches, il nous semble maintenant peu probable qu'il s'agisse d'un descendant de Clémentine, mais sait-on jamais ?

Le mystère reste entier aujourd'hui… A notre grand regret d'ailleurs, car nous pensons avoir exploré tous les moyens de recherche à notre disposition en vue de trouver une quelconque trace de la destinée qui fut celle de Clémentine. Il faudra attendre les années 2040-2060 pour pouvoir accéder à tous les dossiers d'archives… mais nous ne serons plus nous-mêmes de ce monde…

Cependant il faut rappeler que le patronyme « Berlioz » est très répandu dans le Dauphiné sans qu'il y ait le moindre lien avec le compositeur.

Le hasard faisant parfois bien les choses, rien ne dit que, dans l'avenir, la curiosité de quelque chercheur passionné ne mettra pas un terme à cette énigme ; ce hasard qui nous a conduits à découvrir l'acte de naissance puis l'acte de baptême de Clémentine et ainsi à prouver sa filiation avec Louis Berlioz, donc avec son grand-père, Hector Berlioz.

Appendices

Marseille dans les années 1860

L'acte de naissance de Clémentine nous apprend qu'elle est née au n°5 de la rue Four du Chapitre.

Cette rue existe toujours, du côté sud on a vue sur le port de Marseille, car elle en est toute proche, comme le montre le plan ci-après (elle est perpendiculaire au quai de la Joliette).

Elle se situe dans le 2ème arrondissement de la ville. C'est une petite rue qui commence à la hauteur du 33 rue de l'Évêché pour se terminer à la hauteur du 28 rue de la Cathédrale. Il n'y a que sept numéros côté impair et cette rue fait partie de la paroisse de Sainte Marie Majeure[1].

C'est une très vieille rue de Marseille. « Il est question de cette rue dans un acte de vente d'octobre 1270. Elle unit la place de la Major et la rue de l'Évêché. Les chanoines de la Major vivaient en communauté. Le pain de la Communauté était cuit dans un four situé dans cette rue. A l'angle de la rue Four du Chapitre et de la rue de la Cathédrale, on remarque dans une niche, une statue de Saint Lazare[2]. »

La niche et la statue existent encore actuellement.

La basilique cathédrale Sainte Marie Majeure actuelle est généralement appelée « La Major ». Sa construction, débutée le 26 septembre 1852, en présence de Napoléon III, se terminera presque à la fin du siècle, puisqu'elle sera consacrée en 1896.

Mais il existait déjà une cathédrale Sainte Marie Majeure depuis le 12ème siècle, sur le même site, qui restera cathédrale jusqu'en 1852. A cette date, elle sera amputée de deux travées pour permettre la construction de la nouvelle basilique, mais continuera à servir d'église paroissiale jusque dans les années

---

[1] *Annuaires guides indicateurs marseillais*, 1975, 135ème année.
[2] BOUYALA d'ARNAUD, *Evocation du Vieux Marseille*, Editions de Minuit.

1950[3]. C'est donc dans cet édifice, dénommé maintenant « Vieille Major », que fut baptisée la petite Clémentine.

Actuellement, les deux édifices se trouvent donc côte à côte sur la place dénommée « Place de la Major ».

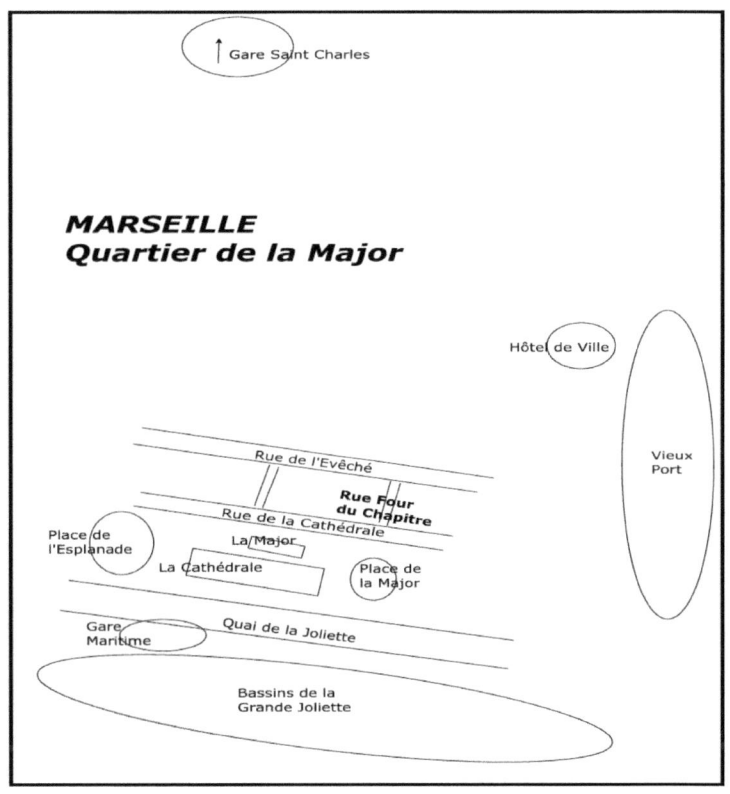

---

[3] Archives municipales de Marseille

Historique des compagnies maritimes

MESSAGERIES MARITIMES[1]	COMPAGNIE GENERALE TRANSATLANTIQUE[2]
1796 – Création des **Messageries Nationales** qui effectuent les transports par diligence. **1851** – Les diligences étant concurrencées par le chemin de fer, les Messageries Nationales obtiennent de l'Etat la desserte maritime du bassin méditerranéen. **1852** – Création par les Messageries Nationales de la **Compagnie des Services Maritimes**. **1853** – Cette dernière devient la **Compagnie des Messageries Impériales**. **1854** – Concession des lignes postales sur l'Algérie et la Tunisie. **1857** – Concession de celles de l'Amérique du Sud. **1862** – Desserte de l'Extrême-Orient, puis du Japon (1855).	 **1855** – Création de la **Compagnie Générale Maritime** par les frères Pereire. **1860** – Signature d'une convention postale avec l'Etat. **1861** – L'entreprise prend le nom de **Compagnie Générale Transatlantique** et crée des chantiers près de Saint Nazaire. **1862** – La *Louisiane* effectue le premier voyage aux Antilles et au Mexique. **1864** – Inauguration du premier service postal avec New-York.

---

[1] www. frenchlines.com (Histoire de la compagnie des Messageries Maritimes)
[2] www. frenchlines.com (Histoire de la Compagnie Générale Transatlantique)

1869 – Inauguration du Canal de Suez. **1871** – Elle prend le nom de **Compagnie des Messageries Maritimes.**	**1879** – La compagnie devient une Société Anonyme et obtient la concession des services postaux de la Méditerranée.
1977 – La Compagnie des Messageries Maritimes est absorbée par la Compagnie Générale Transatlantique. L'ensemble devient la **Compagnie Générale Maritime.**	**1977** – Absorption de la Compagnie des Messageries Maritimes. L'ensemble devient la **Compagnie Générale Maritime**.

Index des correspondants

BERTCHOLD ALEXIS : ami d'enfance de Berlioz, leurs mères étant elles-mêmes amies : « Je te remercie beaucoup d'avoir envoyé une loge à madame Bertchold, elle a été bien bonne pour ma pauvre mère, c'était son amie » écrit Louis à son père (15 mars 1854[1])

DAVISON JAMES WILLIAM : critique musical, rédacteur en chef du Musical World et du Times

FERRAND HUMBERT : homme de lettres, ami de Berlioz pour qui il écrivit des livrets (*La Scène héroïque, Les Francs-Juges,* ...)[2].

LECOURT HIPPOLYTE : avocat et mélomane, ami de Berlioz, habitant Marseille.

MASCLET MATHILDE : née Pal, nièce de Berlioz, fille de sa sœur Nanci.

MARMION FÉLIX : Frère de Joséphine Marmion, mère d'Hector Berlioz. Militaire de carrière, il devint colonel, fit toutes les campagnes napoléoniennes et mourut à plus de 80 ans.

---

[1] CG VIII, p. 377
[2] Pour plus de renseignements, voir *Cahier Berlioz n°4, Humbert Ferrand, une amitié énigmatique*, publié sous la direction de Thérèse Husson et Alain Reynaud par l'Association nationale Hector Berlioz, La Côte Saint André, Rochat, 2004.

MOREL Auguste : compositeur et critique musical, directeur du Conservatoire de Marseille de 1852 à 1873, ami de Berlioz.

PAL Camille : beau-frère de Berlioz, mari de sa sœur Nanci.

SAYN-WITTGENSTEIN Carolyne (Princesse) : amie de Franz Liszt, qui incita et encouragea Berlioz à écrire *Les Troyens* et dont elle fut la dédicataire.

SUAT Joséphine : nièce de Berlioz, fille aînée de sa sœur Adèle et de Marc Suat.

SUAT Marc : beau-frère de Berlioz, mari de sa sœur Adèle.

Bibliographie

Écrits d'Hector Berlioz

HECTOR BERLIOZ, *Correspondance Générale*, sous la direction de Pierre Citron, Paris, Flammarion, collection « Nouvelle bibliothèque romantique », sous les auspices de l'Association nationale Hector Berlioz, 1972-2003 [8 vol.]. Nous avons utilisé les volumes suivants :
- CG II, 1832-1842
- CG IV, 1851-1858
- CG VI, 1859-1863
- CG VII, 1864-1869
- CG VIII, suppléments

HECTOR BERLIOZ, *Mémoires*, édition présentée et annotée par Pierre Citron, collection « Mille et une pages », Paris, Flammarion, 2003.

Écrits sur Hector Berlioz

HENRI BARRAUD, *Hector Berlioz*, Paris, Fayard, 1979.

JACQUES BARZUN, *Berlioz and the Romantic Century*, New-York, Columbia University Press, 1950, [2 vol.]. Réédité en 1969.

PETER BLOOM, *The life of Berlioz*, Cambridge, Cambridge University Press, 1998.

Adolphe BOSCHOT, *Hector Berlioz*, Paris, Plon, 1946/1950 [3 vol.]. Nous avons utilisé :
- vol. II, *Un romantique sous Louis Philippe*
- vol. III, *Le crépuscule d'un romantique*

Cahier Berlioz N° 2, Actes authentiques de la vie de Berlioz, publié sous la direction de Peter Bloom et Hervé Robert par l'Association nationale Hector Berlioz, Aubenas, Lienhart, 1995.

David CAIRNS, *Hector Berlioz*, Londres, Allen Lane, The Penguin Press, 1999 [2 vol.]. Traduction française Dennis Collins, Paris, Fayard, 2002. Nous avons utilisé :
- vol. II, *Servitude et grandeur*

Jeanne et Sarah CAUSSÉ, *Berlioz à fleuret moucheté*, Paris, Maisonneuve & Larose, 2003.

Dictionnaire Berlioz, sous la direction de Pierre Citron et Cécile Raynaud, avec Jean-Pierre Bartoli et Peter Bloom, Paris, Fayard, 2003.

Guy de POURTALÈS, *Berlioz et l'Europe Romantique*, Paris, NRF, Gallimard, 1939.

Les dates de parution des œuvres musicales et littéraires d'Hector Berlioz, ainsi que leur dénomination et leurs dédicaces ont toutes été vérifiées dans :

New Berlioz Edition, Kassel, Bâle, Londres, New-York, Bärenreiter, 1987 [26 vol.]. Nous avons utilisé :

- vol. 25, *Catalogue of the works of Hector Berlioz*, de D. Kern Holoman.
Nous ne le citerons donc pas dans nos notes de bas de page.

Écrits divers

ANDRÉ BOULAYA d'ARNAUD, *Evocation du vieux Marseille*, Paris, Editions de Minuit, 1959.

Annuaires guides indicateurs marseillais, Marseille, Société anonyme de l'indicateur marseillais, 1860 - 1870, 1975(135ème année).

Dictionnaire de l'Académie française, 6ème édition, Paris, Imprimerie et librairie Firmin Didot frères, 1835.

Dictionnaire des Postes de l'Empire, Paris, Administration des Postes, 1859

Les auteurs de la présente recherche

Josiane Boulard

Josiane Boulard a découvert Berlioz en 1979 avec Henriette Boschot, alors conservateur du musée Hector Berlioz à La-Côte-Saint-André (Isère) depuis de très nombreuses années. Malgré leur grande différence d'âge, des liens d'affection naquirent de cette rencontre qui l'incitèrent à approfondir sa connaissance des œuvres musicales et littéraires de Berlioz et à s'engager rapidement au sein de l'Association nationale Hector Berlioz (AnHB). Elle en occupa d'ailleurs les fonctions de vice-présidente pendant presque une décennie, et elle l'est redevenue depuis le 1er juin 2013. Par ailleurs, le hasard l'a également mise en rapport avec Catherine Reboul-Berlioz et est à l'origine d'une amitié qui aura duré plus de vingt ans.

Lucien Chamard-Bois

Lucien Chamard-Bois a été chargé de mission au musée Hector Berlioz à La-Côte-Saint-André (Isère) de 1987 à 1995, date à laquelle le musée devient propriété du Conseil Général de l'Isère. Membre actif de l'Association nationale Hector Berlioz (AnHB) depuis 1980, il est actuellement l'archiviste de l'association et s'intéresse tout particulièrement à la généalogie de la famille de Berlioz ainsi qu'à ses descendants avec lesquels il entretient les meilleures relations. Ses « petits carnets » remplis de dates et de noms sont de précieux renseignements pour ceux qui veulent effectuer des recherches sur la parenté du compositeur.

Remerciements

En premier lieu nous tenons à remercier chaleureusement Catherine Reboul-Berlioz, tout d'abord pour nous avoir autorisé à publier les manuscrits des lettres de Louis Berlioz et de madame Mallet, à l'origine de notre enquête, ensuite pour les recherches qu'elle a effectuées dans ses archives personnelles et enfin pour les encouragements qu'elle nous a prodigués tout au long de nos travaux.

Ensuite, notre gratitude s'adresse plus particulièrement aux personnes suivantes, dans l'ordre de leurs interventions :

- Philippe Delabarre, qui a répondu rapidement à notre appel et nous a fait parvenir de Marseille les deux actes essentiels concernant Clémentine.

- Thierry Le Port, qui a parcouru la Seine-Maritime à la recherche de notre « petite-fille secrète ».

- Georges Reynaud-Dulaurier, qui s'est chargé de l'état civil de Louis Berlioz à Paris.

- Martine Perrin, sœur de Catherine Reboul-Berlioz, qui a cherché dans ses documents personnels et a bien voulu effectuer des demandes d'état civil à Marseille concernant Clémentine en expliquant sa parenté avec celle-ci, nous donnant ainsi plus de chances pour obtenir des réponses.

- Pierre-René Serna qui a réalisé des recherches aux Archives de Paris à propos de Zelia.

- Dominique Catteau qui s'est chargé de préparer le manuscrit en vue de l'édition.

Enfin, nous tenons également à témoigner notre reconnaissance à tous ceux qui, de près ou de loin, par leurs conseils avisés et leurs aides de toutes sortes, nous ont aidés à mener à bien notre entreprise et à réaliser notre livre, notamment :

- Claire Bécaud
- Jacques Boulard
- Marie-Cécile Boulard
- Joëlle Germain
- Marcelle Gidon
- William Meyer

Sans oublier bien sûr le musée Hector Berlioz qui, étant maintenant le détenteur des documents appartenant à Catherine Reboul-Berlioz, nous a donné l'autorisation de les reproduire.

Documents reproduits

Documents	page
Lettre de Louis Berlioz à son père	6
Acte de naissance n° 1 de Clémentine	28
Acte de baptême de Clémentine	30
Acte de naissance n° 2 de Clémentine	31
Lettre de madame Mallet à Louis Berlioz	43
Recensement de 1861 à Marseille	62
Acte de naissance de Zelia	67
Acte de baptême de Zelia	69
Acte de décès de madame Mallet	80
Acte de décès de Zelia Mallet	82
Almanach du Commerce du Havre	83
Recensement de 1861 au Havre	85
Acte de naissance de Louis Berlioz	89
Acte de baptême de Louis Berlioz	91

Table des matières

PRÉFACE : MOTIF DE CETTE RECHERCHE..........3

CHAPITRE I : RAPPORTS ENTRE LA *CORRESPONDANCE* ET CLÉMENTINE...............13

Louis se rend du Havre à Marseille............................15

Zelia Mallet attend un enfant…................................16

Naissance de Clémentine..20

Zelia et Clémentine rentrent au Havre, et Louis à Paris 32

Clémentine a trois ans..37

CHAPITRE II : RECHERCHES SUR CLÉMENTINE ET SA FAMILLE..51

Clémentine Mallet..54

Zelia Mallet...63

Madame Mallet et sa famille......................................70

Louis Berlioz...86

CHAPITRE III : LES FAMILLES..............................93

Tableau généalogique de Clémentine Mallet...............94

Tableau de correspondance entre les générations des deux familles..95

La famille de Zelia, mère de Clémentine Mallet..........96

CHAPITRE IV : HYPOTHÈSES AU SUJET DE CLÉMENTINE ET DE ZELIA...................................97

EN GUISE D'ÉPILOGUE......................................103

APPENDICES...107

Marseille dans les années 1860....................................108

Historique des compagnies maritimes.........................110

Index des correspondants...112

Bibliographie..114

Les auteurs de la présente recherche............................117

Remerciements...118

Documents reproduits..120

© 2015, Josiane Boulard ; Lucien Chamard-Bois

Edition : Books on Demand,
12/14 rond-Point des Champs-Elysées, 75008 Paris
Impression : BoD - Books on Demand, Norderstedt, Allemagne
ISBN : 9782322044368
Dépôt légal : décembre 2015